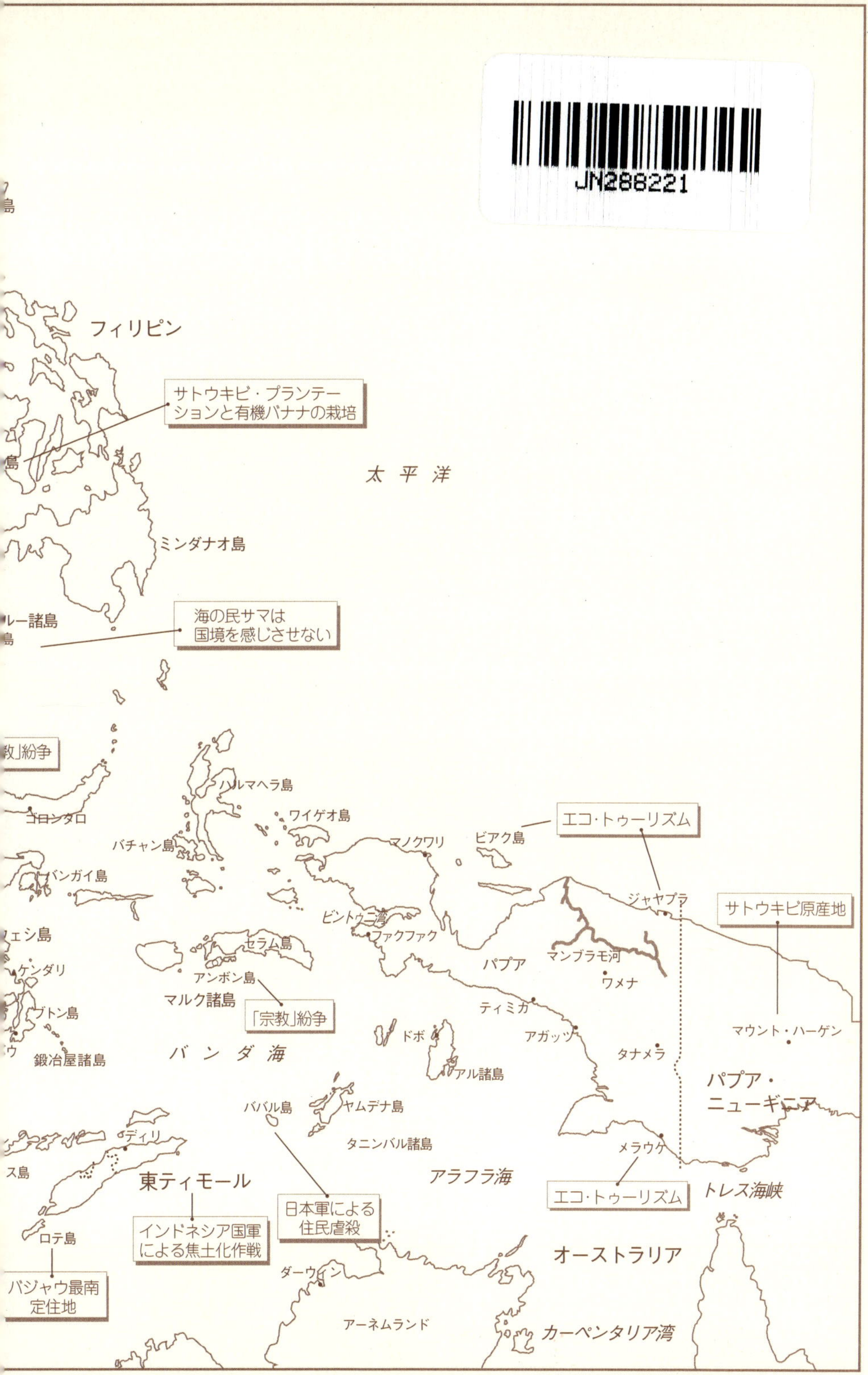
フィリピン
サトウキビ・プランテーションと有機バナナの栽培
太平洋
ミンダナオ島
ルー諸島
海の民サマは国境を感じさせない
教」紛争
ハルマヘラ島
ゴロンタロ
ワイゲオ島
バチャン島
マノクワリ
ビアク島
エコ・トゥーリズム
バンガイ島
ジャヤプラ
サトウキビ原産地
ビントゥニ湾
ファクファク
ェシ島
セラム島
ケンダリ
パプア
マンブラモ河
ワメナ
アンボン島
マルク諸島
ティミカ
「宗教」紛争
ブトン島
マウント・ハーゲン
ドボ
アガッツ
タナメラ
鍛冶屋諸島
バンダ海
アル諸島
パプア・ニューギニア
ババル島
ヤムデナ島
ディリ
タニンバル諸島
メラウケ
ス島
東ティモール
アラフラ海
エコ・トゥーリズム
トレス海峡
日本軍による住民虐殺
インドネシア国軍による焦土化作戦
ロテ島
オーストラリア
バジャウ最南定住地
ダーウィン
アーネムランド
カーペンタリア湾

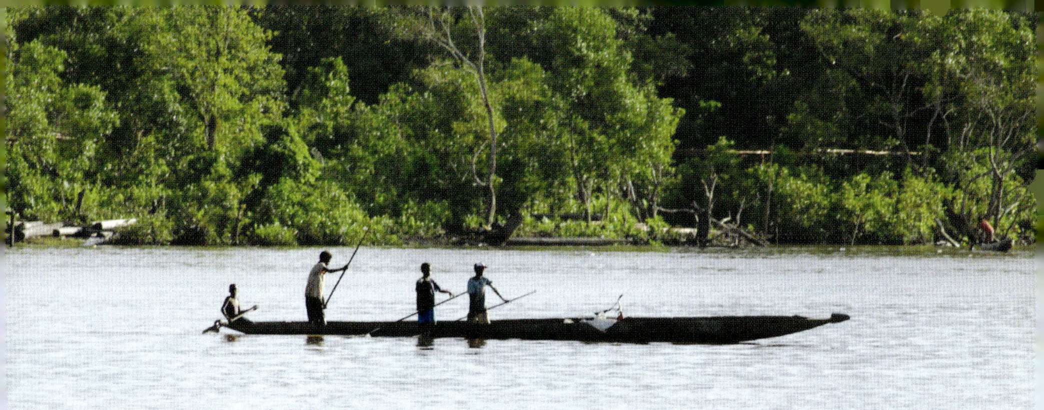

村井吉敬

ぼくが歩いた東南アジア

―島と海と森と

コモンズ

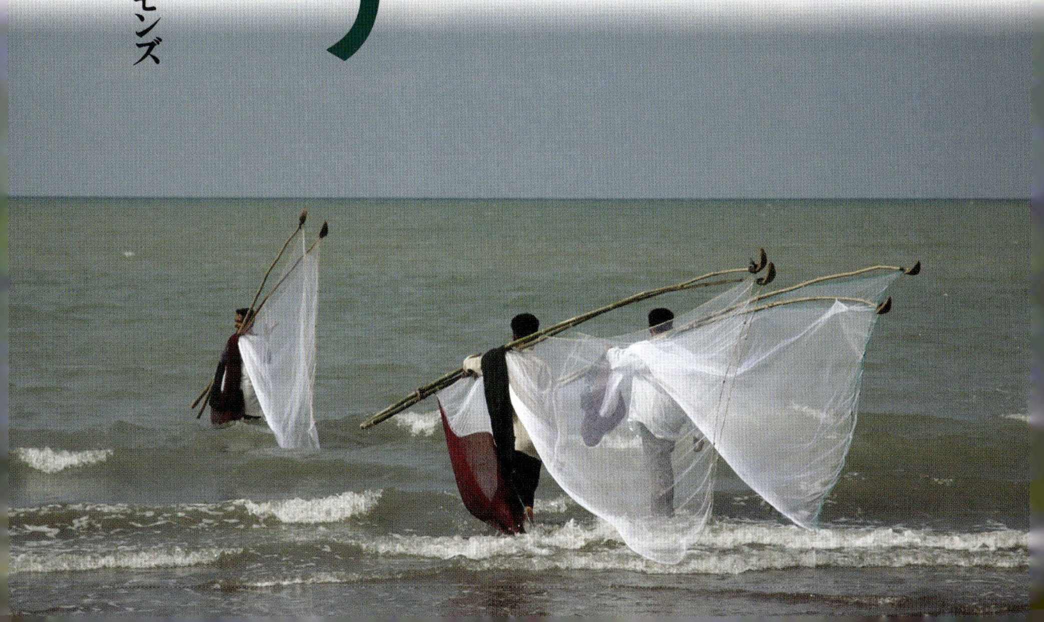

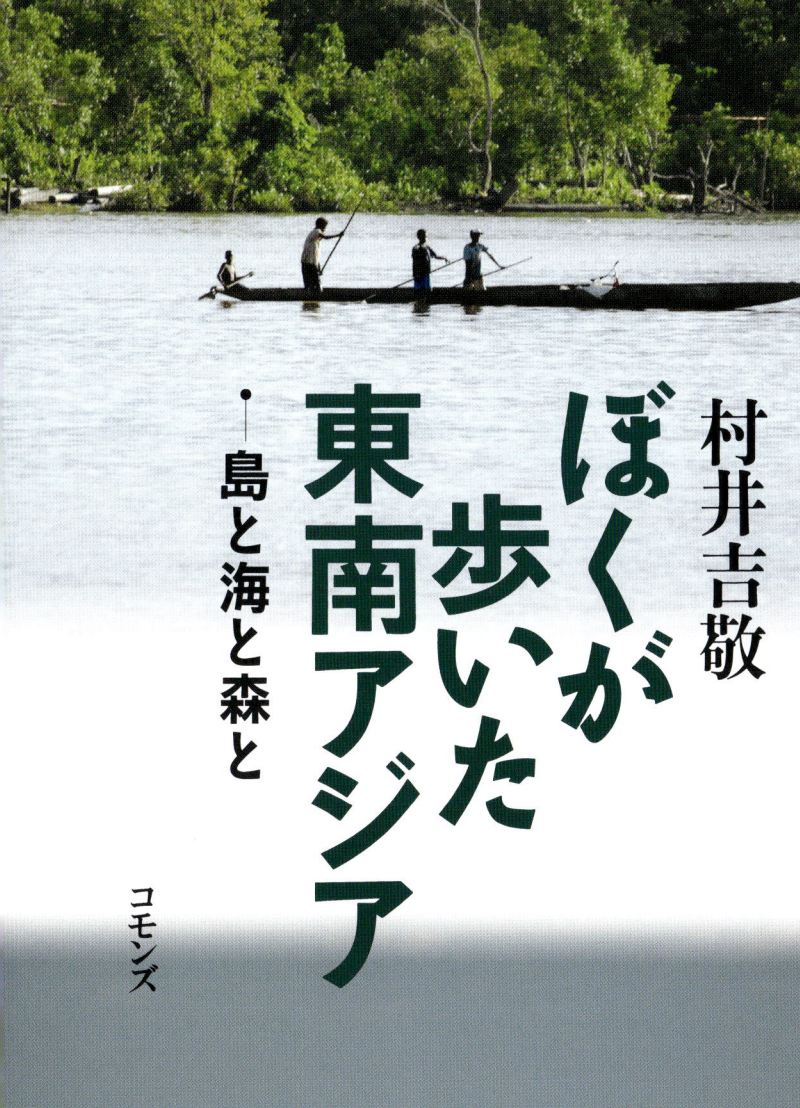

目次

プロローグ 33年の夢

帆船で漁をするスールー諸島の海洋民(87年3月)

借家の近くを行き来する物売りたち（西ジャワ バンドゥン、75年5月）

感極まったバンドゥン上空

いちばん長く、密度濃くつきあってきたインドネシアのことから、始めたい。

つきあいは長いが、インドネシアの像が明確に結ばないことがしばしばある。ときには甘美な想いが潮のようにおそい、ときには怒りが沸き上がり、また夢のような情景を思い浮かべることもある。そんな想いが昂じたのが、２度目の訪問の1978年３月である。

ジャカルタのクマヨラン空港を離陸した飛行機は、あっという間にバンドゥン上空にさしかかった。いつもはオンボロバスに数時間も揺られてきた。排気ガスのため、着いたときには声が出なくなったこともある。そんな遠いバンドゥンが、30分もかからないうちに下界に見えてきた。

初めての留学のときに手伝いに来てくれたおばさんの顔が、ふっと浮かんできた。借家のあったバンバヤン通り、近くのいちば、パ

割礼した子どもが踊る馬に乗る(西ジャワ　スメダン、76年1月)

ジャジャラン大学前のきれいな並木道、ビザの延長のとき、何度も何度も出頭を求められ、意地悪されたバンドゥンの入国管理局、78年のスハルト大統領三選反対運動で捕まったＳ君。走馬灯のように、インドネシア、否バンドゥンが頭をよぎる。出会った人びとの顔がつぎつぎに思い浮かんで、思わず感極まってしまった。

75年から77年まで、西ジャワ州(スンダ地方)のバンドゥンに留学した。文部省(当時)からの奨学金は１カ月に８万円、当時のレートで266ドル、約11万ルピアである(現在では約720万ルピアにもなる)。インドネシアの普通の人よりずっと豊かだったが、本を買い込んだり、インドネシア国内をフラフラと歩き回ったりするゆとりはなかった。できるだけ切りつめる。そのため、移動はもっぱらオンボロバスやベチャ(人力三輪車)や鈍行の汽車になる。隣に座ったインドネシア人とたわいもない冗談をかわし、鶏や野菜といっしょに乗っていた。のどが渇いた、腹が減ったと思うころには、物売りがバスに乗り込んでくる。彼らが握りしめていた紙幣は、文字どおり民衆

バンドゥン郊外。遠くにタンクバンプラフ山が見える(75年5月)

の汗がしみこんで、くちゃくちゃになっていた。

手伝いに来ていたおばさんも、いつもカネに困っていた。わたしの奨学金が入るときがわかるのか、いつもタイミングよく借金を申し込んでくる。必ず返してくれたが、また借りたいと言う。この絶妙な繰り返しが２年間続いた。

インドネシアの２年間の生活の一部は『スンダ生活誌――変動のインドネシア社会』(日本放送出版協会、1978年)で描いたことがある。その冒頭で、この地域に伝わるスンダの女神ダヤンスンビについて書いた。わたしのインドネシアの原風景は、バンドゥンであり、そこに住まう妖艶な女神ダヤンスンビでもある。

「恋こがれるなまめかしさ」というとなんだか妙な響きをもってしまうが、わたしが惹かれたのはスンダ世界の「エロス」だったのかもしれない。ほの暗いろうそくの明かりのなかで聞いた「ひえつき節」(宮崎県椎《しい》葉《ば》村の民謡)にも似た「チアンジューラン」、竹笛と琴に似たクチャピの奏でるもの哀しい響きに、女性のかん高い歌声

バンドゥンの郊外では、田園風景が多く見られた(75年5月)

と男性の低い歌声が重なる。山あいの盆地に広がるスンダ世界。そこにわたしのインドネシアの原点がある。

国境線が似合わない地域

インドネシアからの帰途に立ち寄ったのが、シンガポールとマレーシアとタイだ。1977年ごろのシンガポールには、まだ猥雑《わいざつ》感漂う裏町があった。ベンクーレン通りには安いヒッピー宿や、朝、ロティ・チャナイ[*]を10セント(10円ぐらい)で食べられる店があった。

こうした裏町は、いまではごみ一つないと言えるほど「清潔」だ。建物は高層化し、物価も東京並みになった。それでも一角に、干しナマコ、干しアワビ、ツバメの巣などを売る中華食材の乾物屋が残っている。香港の海味街《ホウメイガイ》や台北の迪化街《ディホアチェ》などに比べると雑然さで劣るが、乾物屋は実に面白い。

83年のエビ研究会(82ページ参照)の調査旅行以来、中華乾物素材

＊練った小麦粉を丸く延ばしてフライパンで焼き、折りたたんで食べる食べ物。

再開発前の華人街(シンガポール　ベンクレーン通り、77年2月)

をよく見て回るようになった。海参《はいさん》(ナマコ)、鮑魚(アワビ)、魚翅(フカのヒレ)、燕窩(ツバメの巣)などの字の並ぶ乾物屋街は、東南アジアに出張った「中国」である。当時は、インドネシア・スラウェシ島ウジュン・パンダン(現マカッサル)の華人街にもたくさんの乾物の卸問屋があったが、いまではほとんど見かけなくなった。

シンガポールから狭いジョホール海峡を渡ると、すぐにマレーシアである。毎日ここを通勤しているマレー人もいる。マラッカ海峡を挟むこの地域はいま、シンガポール、マレーシア、インドネシア(スマトラ島)と3つの国に分かれているが、そんな必要があるのかと思ってしまうほど、人びとが日常的に国境を越えて動いている。

シンガポールのリー・クアンユー(65〜90年に首相)やマレーシアのマハティール(81〜2003年に首相)は、独自の路線で近代国家をつくった。たしかに、この両国はインドネシアとはなんとなく隔たった感じがある。また、イギリスの植民地とオランダの植民地という違いもあるが、いまも昔も一衣帯水の地である。

バジャウ（サマ）に国境はなかった（スールー諸島シタンカイ島、87年3月）

ボルネオ（カリマンタン）島の北部はマレーシア（サラワク州、サバ州）である。ここでは、インドネシアの影がさらに濃くなる。そこに暮らす海の民バジャウは、スラウェシ島で出会った人たちと同じ民族グループだ。ただし、フィリピンのスールー諸島ではサマと呼ばれている。地図を見ると、このボルネオ島とスールー諸島は、国境で仕切られている。いかにも不自然である。ましてや、海の民にとっては理不尽以外の何ものでもない。スールー諸島の最南西端シタンカイ島で会ったインドネシア人の男性は、スラウェシ島で教師をしていたという。

島嶼《とうしょ》部東南アジアに、国境線は似合わない。アジアの「周辺」を歩くと、そんな想いが沸いてくる。

民衆運動の東南アジア

東南アジアの大陸部には５つの国家がある。ビルマには、タイとの間の三仏峠（スリー・パゴダ・パス）の国境線を歩いて越え、200m

軍クーデター後のバンコク民主記念塔（92年11月）

だけ入り、入管の役人から免税タバコを買ったことがある。

タイには何回も行ったが、南部がとくに面白い。エビの養殖場を見て歩いた。鼻をピクピク、目をキョロキョロさせて見つけ出したのが、日本に輸出される猫缶をつくる工場だった。エビやペットフードを通じて日本とタイ南部はつながり、チュラロンコーン大学のスリチャイさんを通じて、わたしはタイの民主化運動とつながっていく。

タイでは1992年５月に軍と民主化勢力が衝突し（暗黒の5月）、東京でも民主化連帯デモや集会が行われた。その後、スチンダ軍事政権の崩壊と民主的な政権交代、新憲法の成立（97年）と続く。タイでは、もうクーデターはないと思われた。

ところが、2006年９月に陸軍が再度クーデターを起こし、タクシン政権が倒れる。さらに、07年12月の下院総選挙ではタクシン派の国民の力党が第一党となった。同党党首のサマックが08年１月に首相に就任したものの、反タクシン派は軍部・市民と手を組ん

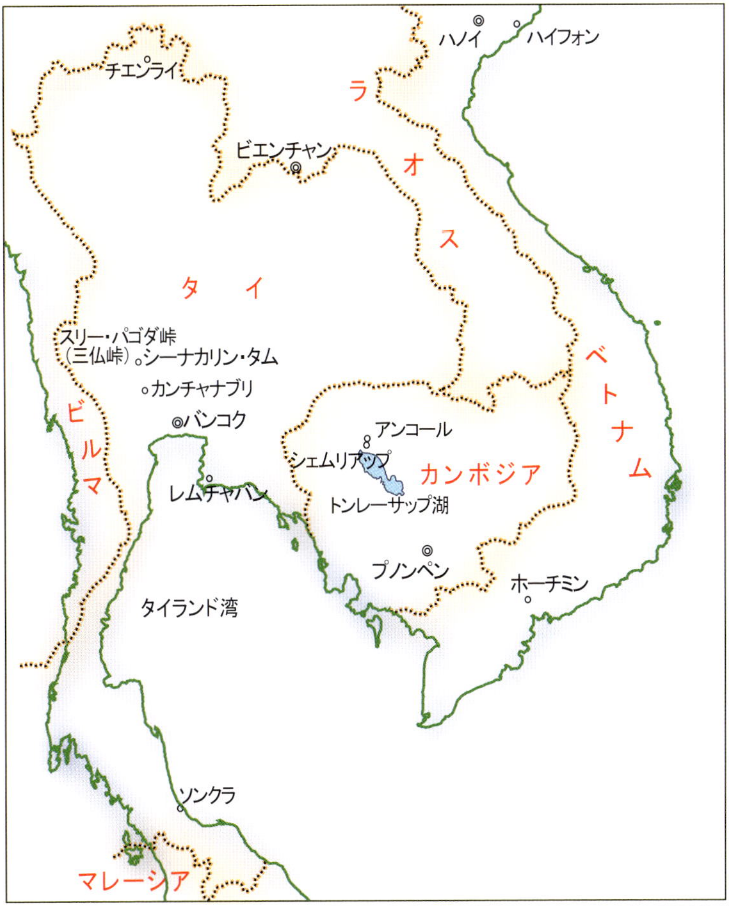
ハノイ
ハイフォン
チエンライ
ラ
オ
ス
ビエンチャン
タ　イ
スリー・パゴダ峠
（三仏峠）
シーナカリン・タム
カンチャナブリ
ビ
ル
マ
バンコク
アンコール
シェムリアップ
カンボジア
トンレーサップ湖
レムチャバン
ベ
ト
ナ
ム
プノンペン
ホーチミン
タイランド湾
ソンクラ
マレーシア

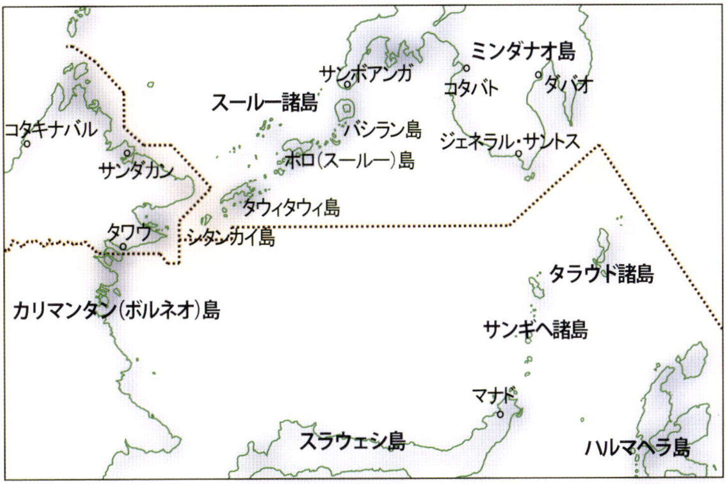
ミンダナオ島
サンボアンガ
コタバト
ダバオ
スールー諸島
バシラン島
コタキナバル
ジェネラル・サントス
サンダカン
ホロ（スールー）島
タウィタウィ島
タワウ
シタンカイ島
タラウド諸島
カリマンタン（ボルネオ）島
サンギヘ諸島
マナド
スラウェシ島
ハルマヘラ島

公園化以前のボロブドゥール遺跡
（中ジャワ、83年7月）

アンコールワットを臨む（03年8月）

で反サマック＝反タクシン運動を大きく展開。サマック政権はつぶされ、反タクシン派の若い首相が就任する。タイの先行きは、まだわからない。

上智大学の石澤良昭さん（現学長）はアンコールワット（カンボジア）研究の泰斗《たいと》である。遺跡修復をカンボジア人の手に委ねようと、技術者や研究者を養成してきている。

ジャワ島（インドネシア）の仏教遺跡ボロブドゥールの場合はユネスコが修復した。80年代初期に、日本のODA（政府開発援助）によって周辺の公園化事業が行われた（172〜178ページ参照）。公園化で立ち退きを強いられた住民たちの悲痛な声に満ちた「ボロブドゥールからの叫び」が日本にまで届いた。インドネシア国軍が出動し、反対する住民の家の前に殺された者の遺体が置かれていたこともある。無気味な静寂がムラを支配していた。

わたしは、「遺跡保存や公園化という「文化的」事業でも周辺住民の声を大事にすべきではないのか」と何度も石澤さんに話した。

牛がゆったりと歩いていたアンコールワット寺院前の街路(95年3月)。
観光化の波で、こんな風景はいまは見られなくなりつつある

その後アンコールワットで作業にいそしむカンボジア人に出会ったとき、わたしは確信した。石澤さんのアンコールの修復保存には、住民の視点が活かされていると。アンコールの住民たちが「アンコールからの叫び」を叫ぶことにはならないだろう。

「サイゴン解放」のニュースはバンドゥンで聞いた(75年4月30日)。バンドゥンは1955年に29カ国が参加してアジア・アフリカ会議が開かれ、平和10原則が定められた「連帯の都市」である。スハルト強権政治で逼塞《ひっそく》させられていたが、このときばかりは学生も道行く人も大きな声で叫び、喜んでいた。

60年代後半期のベトナム戦争反対運動は、わたしたち世代にとっては「常識」だった。さまざまなデモや集会があった。大学の管理や日本の政治状況に異議を申し立ててきたわたしたちには、アメリカによる戦争が許せない。佐藤栄作首相(当時)の南ベトナム訪問に反対するために羽田空港に行こうとした。まだ、運転免許証をもっている学生は少なかった時代である。仕方がなくわたしが運転し

バイチャイ橋のかかるハイフォン港(06年12月)

たが、高速道路でガス欠を起こしてしまい、羽田にたどり着けなかった。

そのベトナムの資本主義化が、わたしはずっと気になっていた。95年３月、初めてのベトナム訪問。解放から20年たって、資本主義化について旧南ベトナム解放民族戦線の元戦士に話を聞いた。そこで語られたのは、公式見解としてはけっして公表されない無念の思いである。彼は資本主義商品経済を嘆き、政府要人の汚職を批判していた。

06年12月には、日本と韓国で共同企画されたピース＆グリーンボートに乗るためホーチミンに飛行機で飛び、ハイフォン港まで移動して北部工業地帯を見た。解放から31年目のベトナムは開発が進み、韓国企業が存在感を示している。韓国語が飛び交うハイフォン港で、日本のODAで建設されたバイチャイ橋をながめ、韓国料理を食べた。

ベトナムは、活気があふれていたが、ベトナム戦争でゲリラが隠

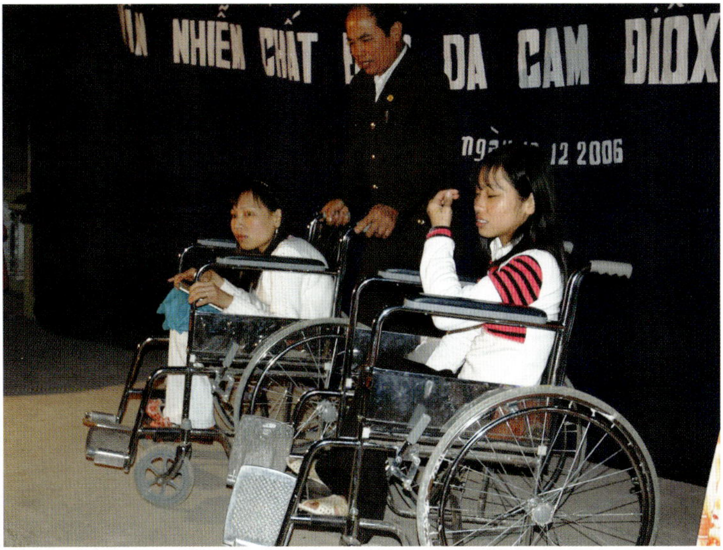

ベトナム戦争時に米軍が散布した枯葉剤の被害者（ハロン、06年12月）

れるマングローブ林を破壊するために撒かれた枯葉剤の後遺症に苛《さいな》まれる人びとは多くいる。彼らが暮らす施設では、さまざまな工芸品がつくられていた。障がいをもつ人びとの自立の努力の成果である。枯葉剤を撒いたアメリカ、参戦した韓国、ベトナム特需で潤った日本。

33年の夢

1975年、はじめてインドネシアに行ってから33年がたった。宮崎滔天《とうてん》は中国革命に思い入れ、その夢が果てた後に『三十三年之夢』を書いた。わたしのアジアは、いまなお夢うつつのなかにあるのかもしれない。曖昧で、甘く、ときには苦々しい思いが脳裏を走る。たくさんの場所を歩き、いろいろな人と出会い、ほんとうにさまざまな光景を見てきた。

もちろん、そのすべてを写真に撮ったわけではないが、33年間、インドネシアを中心に東南アジアで撮った数万点のなかから、326

西ジャワの伝統的繊維産業は、日本企業の進出でつぶれていった
(西ジャワ マジャラヤ、75年10月)

枚を選んだ。これらの写真は体験と重なり合って、その一枚一枚がわたしに迫ってくる。そんな想いの一端や写真の背景の物語を綴ったのが、このフォトエッセイ集である。

バンドゥン郊外に広がる水田(75年5月)

土産物屋と雑居していたボロブドゥール遺跡(中ジャワ、75年8月)

インドネシア民族主義のシンボル・独立記念塔（モナス）
（ジャカルタ、75年8月）

いちばの風景

どこでも見かけるジャム売り（南スラウェシ、84年7月）

竹編みの籠や笊《ざる》を体いっぱいに運ぶ女性
(西ジャワ　バンドゥン駅、75年11月)

ボトル入りの飲み物を売る少年
(西ジャワ　スメダン、76年5月)

いちば(市場)がいちばん面白い。どこの国のどこの町でも、いちばを見に行く。

インドネシア語でパサール。いちばはモノの売り買いをするだけの場所ではない。その周辺には、商売する人や顧客はもちろん、商品を運ぶ人、ベチャ屋(トゥカン・ベチャ)、芸人、物乞いする人、取り締まる警官、タバコをくわえてブラブラする何をしているのかわからないお兄さんなど、実にさまざまである。「高い！」(マハール)とか「安くして！」(カシ・ムラ)など、着飾ることのない「いちば用語」(バハサ・パサール)が飛び交い、売り買いの多数を占める女性たちの華やかでにぎにぎしい空気に包まれている。

パサール・シンパン――初めてのいちば

バンドゥンに留学して、このいちばに足繁く通った。住んでいたのはバンドゥン市内の北、山側のダゴ地域にあるバンバヤン通りである。未舗装の小道で、200～300m先は水田地帯になる。逆の方

パサール・シンパンの風景（75年4月）

向に行くと大通りに出る。この大通りが市の中心部につながる。大通りを少し南下したところに、常設のパサール・シンパンがある。

シンパンというのは交差する場所を指すから、「交差点のいちば」といったところである。小さなローカルいちばで、けっしてきれいではないが、生活用品も食料品もほとんど手に入る。生活を始めるにあたって必要な鍋、やかん、灯油コンロ、茶碗、皿、箸、枕、シーツ、電球、電気スタンドなど、なんでも調達できた。本棚やベッドはなかったが、町の一角にはベッドばかり売っている露天の店がある。本棚は特注で大工さんにつくってもらった。もっとも、出来はあまりよくなかったけれど……。

いちばには定価がない。すべて駆け引きで値段が決まるので、慣れないとなかなか厄介だ。わたしの体験では、値段には３つある。地元値段、地元の金持ち値段（地元に住む外国人も含む）、よそ者（とくに外国人）値段である。わたしは、最後まで地元値段にはたどりつけなかった。

かけ声の飛び交ういちば(西ジャワ バンドゥン、75年12月)

「いくら？」(ブラパ)というお客の言葉から、交渉(タワール)は始まる。最初から、お客が値段を言うこともあるが、これは売り手とかなり親しい場合だろう。慣れると、そのやりとりを見ていて、ほぼ同じ値段で買うこともできる。

いずれにしても、だいたいの相場を知らないと交渉はできない。売り手は、お客を値踏みしつつ(「足元」を見つつ)最初の値段を言う。よそ者なら相場の２～３倍、金持ちなら50％増し、地元民なら25％増しといったように、人を見て値をつける。

これが観光地になると、ガイジンはときには３倍や５倍の値段を吹っかけられる。値切ったつもりでも、地元の人の倍の価格で買っている場合も多い。バリ島でバティックのテーブルクロスを買ったことがある。すでにインドネシアに暮らして１年以上たっていたので、相場がわかってきていた。言い値の５分の１で交渉が成立し、大幅に値切って悪いなと思っていたら、同じものがバンドゥンではもっと安く売られていた。

ごみを探す(ジャカルタ、79年8月)

金持ちから多くとるという値段の交渉は、ある意味で「民主的」である。ただし、交渉を楽しむ心の余裕と、吹っかけられて高値で買っても動じない、そんな気持ちの余裕がないと、疲れる。チップもケチってはいけない。この国の金持ちもなかなか大変である。その金をどこから稼いでいるのかが、きわめて大きな問題なのだが。

パサール・シンパンは普通の人が行く普通のいちばだから、3倍も5倍も吹っかけられることはまずない。通い慣れると値段がわかるようになり、無茶な商売には巻き込まれなくなった。それでも、おそらく地元の人より25%程度は余計に払っていただろう。

値段の交渉は、いちばだけではない。たとえばベチャに乗る場合、相当にがんばらないと、かなり高い値段で乗せられる。こちらには、機械ではなく「人力」で走らせているという申し訳ない気分がどうしてもある。それに、日本円で10円や20円を値切ってどうするという考えが頭をよぎる。ついつい、ベチャ屋のおじさんの言い値を心持ち値切るぐらいで、乗っていた。申し訳なくて、降りる

チェ・ゲバラも登場。色とりどりのTシャツを売る(東ジャワ　スラバヤ、03年12月)

ときに相手の言い値以上のお金を払ったりすることも、しばしばであった。

いちばの通りに面して縫製店が並び、若者が懸命にミシンがけをしている。そこでワイシャツをつくった。出来ばえはいまひとつだが、着るという機能は十分に果たしていた。いちばの外側には食べ物の屋台が並び、野菜や果物の小商いのおばさんや、名刺、鍵、表札・名札をつくる職人もいる。いちばの周辺がいちばを補完し、ときには畑から採ってきたわずかな野菜を並べている超零細な商いも成り立っている。

地元の人をお客にしているパサール・シンパンでは、豚肉は手に入らない。ムスリムが多いインドネシアで豚肉を売っているのは、大都市のスーパーや外国人向けの店などに限られている。地元で買える肉は、鶏肉と牛肉そして山羊肉だ。

牛肉がやけに安い。そこで、日本ではなかなか食べられない、牛肉のステーキを食べようと思いたった。多少は固くても、パパイヤ

実は外国製品だらけ。主権回復間もない東ティモール（マウベシ、03年11月）

の葉やタマネギでつけこめば食べられるだろうと考えた。ところが、これが想像を超えて固い。噛んでも噛んでも、噛み切れない。最後は飲み込んだ。何度か挑戦したけれど、この牛肉はどう調理しても柔らかいステーキには変身しなかった。

それは、水牛の肉だった。そして、わたしはやがて痔になった。消化不良とカライもの、さらに水による下痢などが原因である。

お手伝いのおばさんを頼んだのは、その後だ。インドネシアにはインドネシアの食材の利用方法がある。その知恵が暮らしには必要だからである。

いちばの仕組み

1970年代、大きな町には、鉄筋コンクリートの常設市場が増えていた。これは、いちばの近代化が開発のシンボルと位置づけられ、スハルト大統領の指令プロジェクトで建設されたものである。一方、郡や村レベルのいちばはたいてい、半屋外のかわらぶきか、ヤシの

出稼ぎブギス人の支配するいちば。地元の人はいちばの外で売らざるを得ない
(パプア　ビアク島、05年8月)

カツオの燻製(マルク諸島アンボンのいちば、05年8月)

子どもが群がるパサール・シンパン(西ジャワ バンドゥン、75年5月)

葉の屋根やテント張りの施設である。一般的には、街道沿いの集落の中心にある広場(アルンアルン)に近接している。それらはほとんどが定期市で、７曜(キリスト教暦、イスラーム暦)、５曜(ジャワ暦)の特定の曜日に開設される。週2日が多い。

地方の小さな町や農村部のいちばの機能は、農産物や農産加工品を農村住民に販売するだけではない。いちばの卸売商人や仲買人(ジュラガン)はそれらを集積し、都市部へ運んで売る流れをつくるとともに、工業製品を農村住民に販売する。近年は電化製品、衣料品、化粧品などの販売機能が増しつつある。付随的に縫製、理髪、鋳掛《いか》け(鍋や釜にあいた穴を修理する)、金細工の職人などがサービスを売る機能もあり、集まる人びとの社交と情報交換の場ともなっている。

いちばを構成するのは、行政の監督官マントゥリ・パサール(いちば使用料を商人から取り立てたり、安全や衛生を維持したりする役割をもつ)、金融業者(行政機関の金融係や市中銀行の職員)、商人(ジャワ島ではバクル、一般的にはプダガン・クチルと呼ばれる)、荷物の運搬人

わいわいと野菜を売る（パプア　ワメナ、03年8月）

クーリー、そして顧客などである。もちろん、重要なのはバクルと顧客だ。

バクルは独立した小商人で、女性が多い。人口稠密なジャワ農村部などでは、貧農や土地なし農家の女性がバクルになる。彼女たちは農産物や農産加工品を農民から買い集めたり、ジュラガンから買って、いちばで売ったり、布やゴムサンダルなどをアゲンと呼ばれる工業製品や都市製品を扱う卸売商から買って、農村で売ったりする。要するに、農村の産品と工業製品の流通を媒介するごくごく小さな商い人だ。１カ所のいちばだけで売る場合もあるが、市の立つ日をねらっていくつかのいちばを掛け持ちする場合が多い。

いちばの内部は一見すると雑然としているが、慣れてくるとその秩序がわかってくる。まず、９種類の生活必需品（スンバコ）を商う店が何軒も並んでいる。スンバコとは米、塩、牛肉・鶏肉、鶏卵、ミルク、トウモロコシ、白砂糖、食用油、灯油の９品目である。ただし、１軒のスンバコ屋がすべてを備えているわけではない。牛肉・

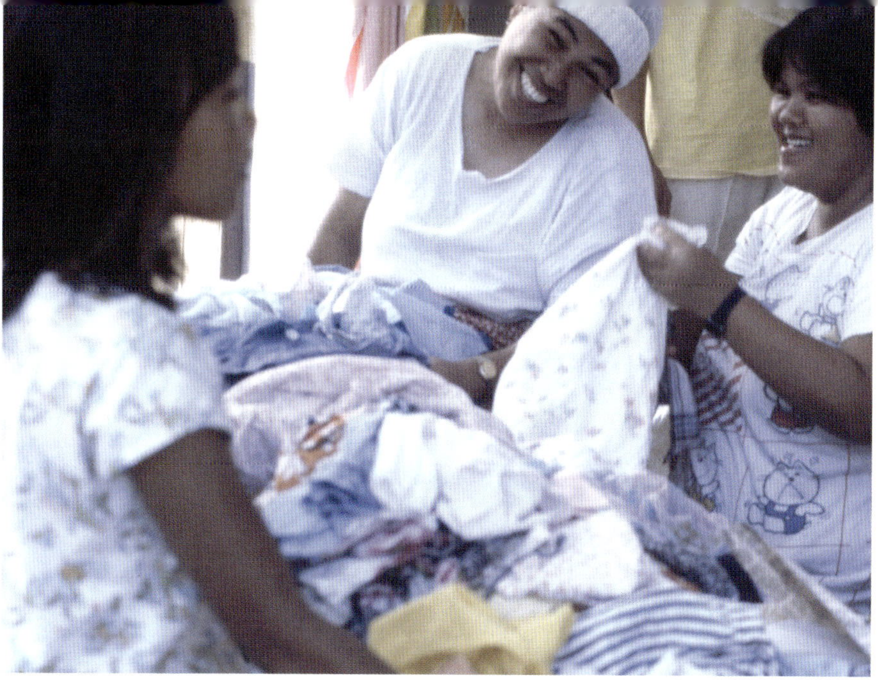

日本製古着を売る（フィリピン タウィタウィ島ボンガオ、87年3月）

鶏肉は、たいていは別の売場にある。また、９種類以外の乾物なども扱っている。化学調味料の小売り袋も吊るされている。米だけを売る店もある。それでも、いちばの基本はスンバコだ。

スンバコ屋以外に、野菜・果実、魚、牛肉・鶏肉、衣料品などが場所を分けて置かれている。港町には魚だけのいちばもあるが、普通の町や村のいちばでは肉も魚も野菜も隣り合わせで売られている。匂いなど気にしていられない。

顧客との売買は通常現金取引で、値段は前に述べたように交渉による。通常、商人側が値段を言い始め、双方数回言い合って決まる。いちばは一物一価の世界ではない。パサールには信用売りの商人（トゥカン・クレジット）もいる。日掛け（月賦でなく日賦）、週掛け、月掛けなどの掛け売りで、客は高利子込みの分割払いとなる。掛け売り商人は村々を巡回することもあり、バクルもときには巡回商人となる。パサールの延長線上に露天商や巡回商が位置づけられる。いちばという固定した場所での商いと、移動する商いの世界が、ともに

「女房を質に入れて」でも買いたいドリアン（南スラウェシ　シンジャエ、04年3月）

食品店にはソーセージも吊るされている（カンボジア　シェムリアップ、95年3月）

超零細いちばで買った野菜や果物は、頭からさげるビレム（網袋）に入れて、持ち帰る（パプア　ワメナ、03年8月）

補い合う関係にあるといえよう。

デパプレの市――いちばの原点

パプア（ニューギニア島西部）の北東に位置する州都ジャヤプラから車で3時間ほど走ると、郡役場のある小さな町デパプレに着く。ここには小さな渡し船の埠頭があり、月曜・水曜・土曜の3日間、空港があるセンタニとを結ぶ街道沿いに市《いち》がたつ。

周辺の村々から産品を運んでくるのは女たちだ。サゴヤシ澱粉《でんぷん》、野菜、タロイモ、ピナン・シリ*などである。ピナン・シリは噛む嗜好品で、気分がハイになる。唾液は真っ赤になり、それを吐き出す。魚も持ち込まれる。ダツ、トビウオ、サワラ、そしてさまざまなサンゴ礁の魚たち。たまにはイノシシも持ち込まれる。みんな勝

＊ヤシ科の木の実であるビンロウジュと、キンマという植物の葉ないし房と石灰とを噛み合わせると、気分が昂揚する作用がある。東南アジア、台湾、インド、太平洋諸島に広がる嗜好品である。

ピナン売り。噛んで真っ赤になった唾液を吐き出す(パプア　ビアク、02年8月)

手に露店を広げている。

街道から少し奥まったところには、常設の屋根付きのちょっとしたいちばがある。こちらでは町の商品が売られる。石けん、ポリバケツ、ポリタンクなどプラスティック製品、布・衣類、やかんや鍋のような金属製品などだ。村から運んできた産品が売れると、女たちはいちばで町の商品を買う。デパプレは村と町の交易場なのである。

それにしても、ピナン(ビンロウジュ)の陳列がなんと多いことか。極端な場合、ピナンをたった10個だけ売っている女性もいる。シリは、葉ではなく房で売られる。ピナンといっしょに噛む石灰粉も小さなビニール袋に入れられている。全部売れても、せいぜい1000ルピア(15円ぐらい)だ。それで何を買って帰るのだろうか。

埠頭には午前10時ごろに着いた。市もそろそろ峠を越え、集まった人びとは帰り始める時刻だ。木の桟橋が浜から海へ200mぐらい伸び、海の世界が急に開ける。天気がよければ、この地の名峰シ

タブラヌス村からデパプレ埠頭まで、わたしの荷物を担いで走ってくれたミングスさん
（パプア　デパプレ、96年8月）

デパプレ埠頭には、村々に行くダブル・アウトリガー船が待機する（04年8月）

プロスの山の連なりが見える。この桟橋は気持ちよいところだ。ただし、市がない日に来ると、閑散としている。

ここでは、大きなダブル・アウトリガー[*]の刳《く》り船が交通の中心になっている。刳り船は長さが７～８ｍ、幅は１ｍにも満たない、縦長の船だ。かなり深く、甲板部から船底まで１ｍ以上ある。底を深く鋭く切り込んで、推進力を高めているのだ。たいていはヤマハの45馬力エンジンを搭載し、20人近くが乗れる。この渡し船を誰が所有し、どのように村々を結んでいるのか、はっきりしない。村々で所有しているようだ。

見知った顔の男が桟橋の端で手を振っている。おばさんもいる。近くにあるタブラヌス村のオンドワフィ（慣習法長[**]）候補者のミングスさんと、村長の女房である。一人で来たわたしは、帰りの便を

＊安定性を増すため、カヌーの両側に腕木を張り出した船。片側に張り出した場合はシングル・アウトリガー。
＊＊近代行政の役職とは別に、村の祭事や資源管理をする世襲の伝統職。

自分で獲ったマングローブガニを飛行場へ売りに行く(パプア バボ、04年8月)

どうしようかと思っていた。渡りに船とは、まさにこのことだ。

栈橋はいろんなカンポン(集落)から来た船で賑わっている。十数隻もあるだろうか。売買を終えた女や付き添いの男が船に乗り、つぎつぎに自分のカンポンに向かって出港していく。

オンドワフィの暮らすタブラヌス村までは、船で30分もかからない。彼はピナンを噛んで口を赤くしている。村長の女房は誰かが遅れているらしく、大声で呼んでいる。あちこちで女たちの大きな呼び声が飛び交う。パプアの海辺の市と渡し場は、明るい喧噪に満ちていた。

まだ活きている水上マーケット(タイ サムットソンクラーン、01年8月)

乾燥ビンロウジュが売られる東ティモール・マウベシのいちば(02年3月)

ビアク島で魚を売る女性。
サンゴ礁の魚が多い（95年8月）

タニンバル諸島サムラキの魚売り少年。
ブダイやアジが売られている（92年9月）

ジョグジャカルタの水売り。水道水の不十分な
都市部には、どこでも水売りがいる（97年3月）

農村を歩く

バナナの村の水牛(フィリピン　ネグロス島、92年10月)

スンダ地方では、イネに女神ニ・ポハチが宿るという(西ジャワ　スメダン、76年3月)

インドネシアに留学していた1976年、西ジャワ州スメダン県チペレス村に住み込んで、米農家を調査した。そのとき、郡の農業関連の役人が３～４カ月間、試験田(デモファーム)での収穫を視察に来たことがある。

女たちは接待に追われていた。わたしも料理のお相伴にあずかった。飯は特別に赤米(伝統の陸稲で、実際に赤い色をしている)で、粘り気があり、うまい！　川魚を竹に挟んで焼き、ケチャップをかける。これも、うまい！　若いヤシの実の果汁も美味しい。村で栽培されているサトウヤシからつくった赤砂糖を入れてコーヒーを飲む。やはり、うまい！　マンゴーやシルサック*がデザートで、これも美味。

しかし、役人へのもてなしで女性たちは汗だくだった。わたしもなんだか疲れ、村長宅に戻った。土曜の夜だが、村の中はひっそり

＊和名はトゲバンレイシ。果実は１～２kg。果肉は白く、海綿状の繊維の中に果汁が充満し、酸味もあるが、甘い。そのまま食べたり、ジュースにしたりする。

割礼祝いのときに踊る村人（スメダン、76年1月）

している。ここでは暗いランプの下で奏でられるチアンジューランの音色も聞こえてこない。ラジオだけが外の世界をつなげてくれる。

スンダの農村と米文化

村の人たちは早飯だ。ふだんはお互い談笑もせず、一人ひとりが黙々と食べる。食べる速度は速く、量は多い。

チペレス村では、よく食事に呼ばれた。みんなが集まって食べる「共食の儀礼」（スラマタン）である。結婚式、子どもの誕生祝い、割《かつ》礼《れい》のお披露目式*、断食明け大祭など、節目節目の儀礼・祭典には人びとを呼んで食事をふるまう。

食べ物の中心は飯だ。竹籠や鉢型の大きなアルマイトの器に飯が盛られていて、集まった人はまず、それぞれの皿にそこから飯を盛る。日本人が見たらびっくりするほど、たくさんの量だ。呼ばれた

＊男の子は一定の年齢に達すると、陰茎の包皮を切り開く割礼を行い、その後に祝いをする。

刈ったイネを運ぶ(西ジャワ インドラマユ、75年12月)

人は、ここぞとばかりに大飯を食らう。当時はまだ必ずしも十分ではなかった「銀シャリ」をこの際とばかりに食べようという思いもあるが、それ以上に、たくさん食べると招いた側も喜んでくれるのだ。

おかずには、テンペ(乾燥納豆ともいうべき大豆の発酵食品)、揚げ豆腐、炒めたり煮込んだりした野菜、ヤシ油で揚げた塩干魚に、唐辛子ベースの香辛料サンバルなどがあるが、ふだんは塩干魚だけだったり、テンペだけだったりする。けれども、スラマタンともなると豊富である。鶏の唐揚げ、ソト・アヤムと呼ばれる鶏スープ、水牛や山羊を煮込んだスープ、野菜・豆腐・テンペ・ゆで卵などを混ぜ合わせ、辛いピーナツソースであえたガドガド、エビせんべい(クルプック・ウダン)などが、ところ狭しと並べられる。

呼ばれた客は幸せな顔をして飯の上にこれらを取り合わせ、あわてて懸命に食べるのである。スプーンとフォークで食べる人も増えているが、本来は右手の親指、人差し指、中指を使って巧みに食べ

叩いて籾にする（西ジャワ チペレス村、76年9月）

田植えをするのは賃労働の女性たち。いまでも田植えは手植えが普通
(西ジャワ　スメダン、76年7月)

る。飯は３本の指で上から押し固めつつ、口に放り込む。パサパサに炊き上げたインディカ米だからこそ、「指食」がしやすい。お祭りともなると、円錐状に高く盛られたナシ・トゥムペンと呼ばれる黄色いご飯が出る。ウコン(ターメリック)で色づけし、鶏肉やゆで卵などが入っている。

たいていの人は、いちばで米を買う。いちばの米屋では白い米が圧倒的に多いが、黒米(在来種陸稲で、炊いても黒い)も赤米も普通に見られる。白い米にもいろいろな種類がある。銘柄で表示され、kg ないし ℓ 単位で売られている。インディカという表示はない。

いちばん多かったのはPB と呼ばれる高収量品種である。これはフィリピンの国際稲研究所で開発されたIR 種のインドネシアでの呼び名で、インディカ系とジャポニカ系を掛け合わせた品種である。値段は安いが、けっして美味しくはない。プリタと呼ばれる現地改良品種も多い。これも高収量品種米に分類されている。1971年に農業中央研究所が開発した稲で、PB より美味しく、収量も多いの

ドゥク村は外界とほとんど接触せず、伝統を守る
(西ジャワ ガルート、2000年8月)

で、かなり普及した。

土地ごとの改良品種は驚くほど多い。わたしが暮らしていたスンダ地方ではPB、プリタ、C－4などの高収量品種以外に、在来種のインディカ系のチェレ、サブ、ジャポニカ系*のブル、さらにガヨッ、ブノン、ガジャなどがあった。現地改良品種はブンガワン、シガディスなどだ。日本にコシヒカリやあきたこまちなど多くの品種があるように、インドネシアの品種も実に多い。農業中央研究所で開発されたものもあれば、その土地土地で百姓がつくり出したものもある。人びとの暮らしが、米とともにある。

ご飯の炊き方

イネがどこから来たのかというルーツ論を始めたらきりがないし、必ずしも決着がついた問題ではない。ジャワ島やバリ島では、水田稲作文化が長い間育まれてきた。作付けるイネは基本的にはイ

＊ジャバニカとも呼ばれ、ジャポニカ系とインディカ系の中間にあたる品種。

シリンダー状ふいごで風を送る鍛冶屋
(西ジャワ チウィデイ、79年8月)

東南スラウェシ鍛冶屋諸島のビノンコ島には、
鍛冶屋が集中している(84年7月)

思わず「天国！」と叫んだ見事な棚田（南スラウェシ シンジャエ、83年8月）

ンディカ系で、一部にジャバニカ系がある。

スンダ地方には、チアンジュール米と呼ばれる美味しい米がある。いちばでは、いちばん高い。といっても、当時の価格で1kg50～60円だったから、日本の米の7分の1から10分の1だ。チアンジュール米は品種的にはジャバニカ系だろう。インディカ系ほど長粒ではなく、かといって日本の米ほど短粒でもない。少し丸く、やや長い。

美味しい、まずいというのは、たぶんに食文化や食習慣にかかわり、それほど客観的に言えるものではないが、わたしは少し粘り気のあるチアンジュール米を日本流に噴きこぼさないように蒸し炊きして食べるのが好きだった。だが、これはスンダ人のご飯の炊き方ではない。彼らは噴きこぼす。ぐらぐら煮立ったところで湯を捨ててしまうのには驚いた。「赤子泣くとも蓋取るな」というのは、日本の炊き方の教えでしかない。

スンダで見た米の炊き方はこうだ。まず竹籠で米を洗い、鍋で少

ガジュマロ（榕樹）の樹下に憩う（西ジャワ　チペレス村、79年8月）

し煮立てる。次に、芯がまだ少し固い半熟米を竹の蒸籠《せいろ》に入れる。そして、真鍮《しんちゅう》製の蒸し釜にこの蒸籠を載せ、蒸し上げるのである。蒸し上がったご飯は竹籠やアルマイト製の鉢に移して、冷まして食べる。熱いご飯に海苔の佃煮などをのせ、ふうふう言いながら食べるのは、日本式だ。

熱帯では、粘り気のあるご飯は悪くなりやすい。パサパサのご飯のほうが日持ちがよい。それも炊き方に表れているのかもしれない。素焼きの水瓶に煮沸した水を入れておくと、気化熱で冷たくなって美味しい。そんな生活の知恵と似ている。

自動炊飯器を使う都市の金持ちがいなかったわけではないが、当時はそれほど普及しているようには見えなかった。そもそも、金持ちの家にはお手伝いさんがいるのが一般的だから、自動炊飯器も洗濯機もいらない。むしろ、必要としていたのは、新たに生まれていた共働きの都市中間層であろう。

サゴヤシの幹から澱粉の素を掻き出す（中スラウェシ　バンガイ島、88年8月）

サゴヤシ澱粉の素を水で漉《こ》す（バンガイ島、88年8月）

エビをこねて、発酵調味料タラシをつく
(中ジャワ レンバン、83年8月)

チペレス村の村役場に集まった
村役人たち(76年8月)

食べる酒とせんべい

米といえば酒という図式も、インドネシアにはない。インドネシアはムスリム人口が90%近くにもなるから、アルコールを飲んで楽しむ文化は、都市ではともかく、おおっぴらにはない。ヒンドゥー教徒が多いバリ島で、ライス・ワインと称する赤い色の酒を飲んだことがあるが、あまりポピュラーではない。

ココヤシやサトウヤシの花芯を切ると、液が滴《したた》り落ちてくる。この水を放っておくと、自然に発酵してヤシ酒になる。このヤシ酒のほうがポピュラーだ。発酵させず煮つめると、赤砂糖になる。

稲刈り前、稲の女神に祈るため、櫛《くし》とヤシ油を供える。つまり、ココヤシと米とはきわめてつながりが深い、食文化の核ともいえる取り合わせである。ココヤシの油や汁(ココナツミルク)は、あらゆる調理の基本だ。ヤシやバナナの葉でくるんだもち米のちまきには、必ずヤシ油がまぶされている。そして、各種の香辛料がある。スン

藍染めをする女性(鍛冶屋諸島ワンギワンギ島ワンチ、84年7月)

ダ地方の米文化は淡泊なご飯ではなく、ヤシと香辛料の濃厚な味がついてまわる。

黒米はお菓子にするようだ。炊いた後で砂糖とまぶしたり、発酵させたりする。発酵過程を観察したことはないが、黒米の甘酒は何度かご馳走になった。甘酒といっても液状ではなく、黒いご飯の粒々がそのままだから、「食べる酒」である。アルコール分はきわめて弱い。同じような食べる酒に、キャッサバを蒸《ふか》して発酵させたタペ(スンダ地方ではプユムという)がある。タペというのは麹《こうじ》菓子の総称で、キャッサバだけでなく、黒米のタペもあれば、もち米のタペもある。

わたしは日本のせんべい、とりわけ醤油を塗った米せんべいの熱烈な愛好家だ。インドネシアにどんなせんべいがあるのか探したが、醤油文化がないから、日本と同じせんべいは発見できなかった。

せんべいといえば、ほとんどがクルプックである。キャッサバ澱粉やサゴヤシ澱粉にエビの殻などを加え、練って乾燥させて、油で

クルプックをつくる(西ジャワ　チアミス、75年10月)

狩猟に出る一家（マルク諸島セラム島ワイサリサ、86年3月）

揚げる。木の実を入れたウンピンという小さなせんべいもある。どちらも美味しいが、米が原料ではない。

あるとき、思いあまって自分でもち米を蒸し、餅を搗《つ》き、それを薄くのばし、型どりし、日に干した。それに中国製の醤油を塗りながら米せんべいを焼いた。それを見た同居していた学生が、自分の田舎にもあると、帰省後にお土産に持ってきてくれた。たしかに丸い焼いた米せんべいだ。惜しむらくは、醤油がないのでヤシ油が薄く塗られ、塩がまぶしてあった。これはオパックと呼ばれている。

余ったご飯を固まりにし、日干し乾燥させて油で揚げる、ラギナンとよばれる「おこし」もある。日本へ帰るとき、大きな缶にいっぱい、お土産でもらった。その重さには参ったが、日本でも長いあいだ保存食として重宝した。

インドネシアには米やヤシやバナナに直結した食文化があり、それをベースにしたお土産文化がある。田舎の家を訪れると、よく抱えきれないほどのお土産をもらう。土の香りの漂うお土産という文

原産地でサトウキビをかじる（パプア・ニューギニア　マウント・ハーゲン、07年2月）

化。コルト（65ページ参照）にもバスにも船にも、人とお土産が満載されている。

循環を断ち切るプランテーション

　サトウキビ・プランテーションで有名なフィリピンのネグロス島に行ったのは、1992年10月だ。やや小ぶりで酸味のあるバランゴンと呼ばれるバナナを栽培する山の中の農家に泊めてもらった。小さな家は小さな庭に囲まれ、小さな棚田がそばにあり、小川が流れている。

　小さな庭といっても、トウガラシ、レモングラス、ターメリック（ウコン）など各種の香辛料や野菜、グァバやザボンやバナナなどの果樹が植えられ、コーヒーの木があり、タバコも栽培されていた。ブーゲンビリアやハイビスカスや蘭の花も咲いている。熱帯の庭は人びとによって実に無駄なく、巧みに利用されているのだ。ネグロス島はサトウキビの大プランテーションばかりの島だと思っていた

日本に輸出される住民栽培の有機バナナ
(ネグロス島、92年10月)

が、生活の基本の香辛料は生活の周辺にあった。

「ネグロス島の飢え」が日本に伝えられたのは、80年代なかばである。困窮した生活を思いながら訪れたけれど、わたしの偽らざる印象は「豊かな島」だった。誤解を招きそうだが、大地主制によるサトウキビ・プランテーションさえなければ、おそらく飢えなど生じなかっただろう。雨季だったためもあるものの、山は緑にあふれ、水は豊富。山間の土地でも米がよく穫れるほど地味は肥えていて、広大な平地は人びとが生きていくには十分すぎるほどの食べ物を供給できるだろう。海の幸もある。

では、なぜ飢えたのか。この広大な土地に、サトウキビという単一の輸出用商品作物を栽培したからである。そこには後に述べるエビの集約養殖と同じ工場生産の論理が働いている。単一作物を大量に、工場で生産するように栽培する。自然の営み、自然の系を断ち切ったのがプランテーションである。もちろん、人間の営為自体、多かれ少なかれ自然の系を断ち切る。しかし、何千 ha も何万 ha

サトウキビの収穫は厳しい労働(ネグロス島、92年10月)

もの土地に同じ作物を栽培しようなどとは、そこで暮らす人間はけっして発想しないだろう。そんなことをしたら生活していけなくなるからだ。

プランテーションは、有機的につながる山、川、平原、河口、海辺、海の循環をぶっつりと断ち切る。わたしはネグロス島でそれを実感した。

西洋帝国主義による熱帯プランテーションは、西洋の富の基礎であった。それは今日も、地場の大地主と多国籍企業を潤している。プランテーションも、60年代に農薬・化学肥料とセットでイネの高収量品種を導入した緑の革命(グリーン・レボルーション)も、魚介類・海草の養殖栽培をめざす青い革命(ブルー・レボルーション)も、すべて同じ発想に立つ。土地も海も、森も川も、近代のテクノロジーによって改造でき、最大限の生産力を生み出す工場に変えられるという発想である。

それらは、部分的には大量生産に成功したかもしれない。だが、山、

コーヒー豆の選別(東ティモール　マウベシ、03年11月)

川、平原、河口、海辺、海は病気になり、瀕死寸前のところもある。人びとは、飢えと貧困から脱却できない。山も川も海もトータルに、その地域に住む人びとの立場から考えるのが、オルタナティブな世界の第一歩ではないだろうか。ネグロス島はそんなことを教えてくれた。

南スラウェシ・トラジャの山里。コーヒーと木偶《でく》を飾る墓で有名である(84年8月)

稲刈りを終え、家に帰るトラジャの少女(84年8月)

古い織機がまだ使われている（西ジャワ　マジャラヤ、75年10月）

イネの収穫後に一休み（西ジャワ　ガルート、2000年8月）

パプア山地の伝統家屋(ワメナ、03年8月)

木から布をつくる
(パプア　タブラヌス村、95年8月)

キャッサバイモからクルプックをつくる
(西ジャワ　チアミス、75年10月)

乗り物の世界――ベチャとタクシー運転手と

左/ネグロス島のバスターミナル(92年10月)
右/タイの三輪タクシー・トゥクトゥク(バンコク、87年12月)

西ジャワ・スメダンの市街地を走るベチャ（84年6月）

「ベチャはのどかな乗り物だ」と書いて叱られたことがある。JETRO（日本貿易振興会、現在は日本貿易振興機構）から、大学に身を転じた故・小泉允雄《まさお》さんにである。

小泉さんは変わった人だ。ジャワ島のソロの町で仲良しになったベチャ屋（トゥカン・ベチャ）のおじさんの家でご馳走になり、１万ルピア（1984〜85年で約2400円）も払ったという。酔っぱらうと物乞いのおばさんにも1万ルピアをあげてしまうような、破天荒な人だった。

そのベチャは、いまでは大きな町からほとんど追われ、風前の灯である。けれども、わたしにとってはインドネシアでの乗り物の原点だ。

便利なオートバイタクシー

バンコクにいたとき、グリーンピースの活動家ルクナムさんの結婚披露パーティーに招待された（1999年12月）。ルクナムさんとは、

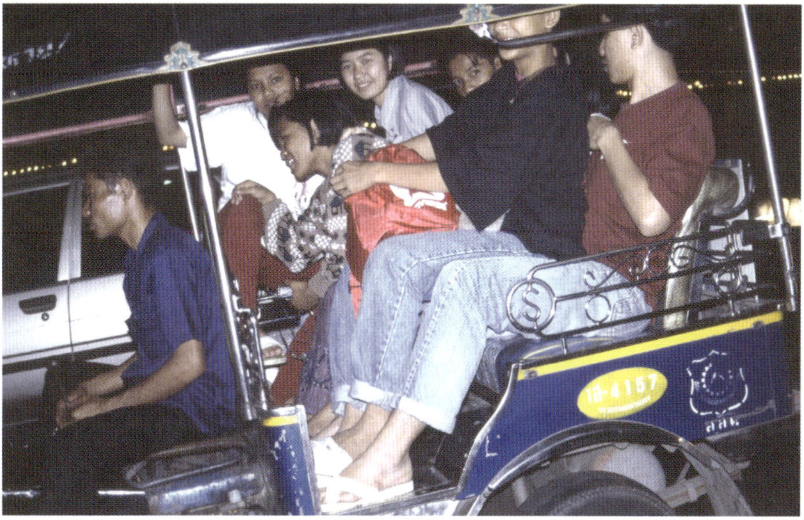

乗客を6人も乗せて走るトゥクトゥク（三輪タクシー）（バンコク、92年12月）

ODA調査研究会*時代からのつきあいで、レムチャバン漁港**の建設に伴う住民の立ち退き問題などを、いっしょに調査した仲間である。彼の妹は当時、タマサート大学の学生委員会委員長として活躍していた。いまはテレビキャスター。ずいぶんと華やかな女性になっていた。

披露パーティーは19時開始、ランドマークホテルである。チュラロンコーン大学のスリチャイさん、お連れ合いのチャンタナさんも招待されていたので、いっしょに彼女の車で行くことにした。ところが、大学を一歩出ると大渋滞。スリチャイさんは主賓、遅れるとまずい。やむを得ず車を降り、わたしたち二人はオートバイタクシー（モータサイ・ラップ・チャーン）へ。オートバイタクシーは渋滞をすり抜け、ときに歩道まで走り、かろうじて披露宴に間に合った。

*日本のODAを現場から検証する市民団体。1986年に発足した「問い直そう援助を！市民リーグ」（REAL）が前身。94年に「地域自立発展研究所」（IACOD）に改組され、2002年まで活動した。

**バンコク東南部のタイランド湾に日本のODAで建設されようとしていた漁港。

庶民の乗り物ベチャ（南スラウェシ　ウジュン・パンダン、88年7月）

インドネシアでは、オートバイタクシーのことをオジェクという。おそらく80年代以降、大都市でベチャが追放され、交通渋滞がひどくなったために、生まれたのだろう。70年代にはほとんど見かけなかった。オジェクはなかなか便利な乗り物で、料金もタクシーほど高くない。ベチャと同じように、客待ちのたまり場がある。そこを知らないと、拾いにくい。

多彩な乗り物があった1970年代のインドネシア

わたしが留学した1970年代中ごろは、近場に行く足はたいていがベチャだった。ただし、人がこぐのだから、バンドゥンのように坂の多いところには不向きだ。それでも、ときには坂道で降りたりしながら、わたしはベチャをいちばんよく利用していた。

日本では、もっぱら電車と徒歩で目的地に行くが、インドネシアの人びとはあまり歩きたがらない。暑いからなのだろうか、歩く習慣が乏しいからだろうか、すぐにベチャか町中を巡回するミニバス

1970年代中ごろのジャカルタやバンドゥンの乗り物(画:筆者)

に乗る。

当時は多彩な乗り物が走っていた。ベモはモーターつき三輪車、昔のダイハツミゼット*のようなクルマだ。ミニカーも、ベモによく似ている。ヘリチャはユニークな乗り物で、客席がベチャのように前にある。モーターで動くので、乗るとけっこう恐い。ミニバスのオプレットは、車体が木枠で、古いアメ車をだましだまし使っていた。ヘリチャもオプレットも、いまはもうない。

コルトは三菱の乗用車の名前が一般名詞化したもので、ほとんどは都市間や農村と都市を結ぶ中距離ミニバスである。わたしは、コルトの普及を「コルト革命」と呼んだ。それほど、流通、情報、人の流れを変えたからである。ミクロレットはジャカルタ市内の小型ミニバスで、コルトの市内版だ。ホンダはバンドゥンだけの呼び名だったようで、市内をコースによって走るミニバス。ホンダN360クラスの軽自動車である。

*小型三輪軽トラックで、品物の配達などに使われていた。

80年代にはほぼ姿を消したヘリチャ（ジャカルタ、79年8月）

ここには描かれていないが、バジャイという三輪タクシーもある。座席は後部にあり、乗る人はたいていは２人。インドのタタ社のエンジンを搭載し、うるさいことこのうえない。でも、ジャカルタではよく乗った。排気ガスと轟音で評判の悪いバジャイに替わって、2000年ごろからカンチルというミニタクシーがジャカルタでは導入されたが、わたしはまだ乗ったことがない。

このようにさまざまな乗り物があって、それぞれに用途も違っていた。

人間的な乗り物ベチャ

ベチャの世界を描くのは、容易ではない。ベチャは伝統と近代の接点にある。快適と苦痛の接点にある。金持ちと貧乏人の接点にある。遠くはない将来、この二重の運命を担わされた乗り物はなくなっていくだろう。

では、ベチャがなくなった社会は、完全な「近代」であり、快適

轟音と排気ガスという悪評にも負けず、利用者の多いバジャイ
(ジャカルタ　パサール・バル、94年7月)

な社会になるのか。逆に言えば、ベチャがあるかぎり、社会は「前近代」で、不快で、貧乏なのか。問題は、それほどすっきりしてはいない。クルマ社会、新幹線社会、ジェット機社会は高速・大量輸送を実現するが、その過程であまりに多くのものを犠牲にするからである。

1975年3月27日、わたしはバンドゥンから250kmほど離れた、西ジャワ州の西端に近いセランという町まで、ジャカルタを経由して旅をした。日本の新幹線ならば1時間あまり、高速自動車道では3時間もあれば行ける距離だ。ところが、バスを乗り継いでたどり着くのに要した時間は10時間、何と新幹線の10倍もかかったのだ。人びとは黙々と窮屈さに耐えていた。

とくに、ジャカルタからセランへ向かう闇夜のバスの苦痛は忘れられない。座席のクッションなどほとんどきかない。板切れに直接座っているかのようだ。道路の凸凹が尻を直撃する。外は文字どおり真暗闇、バスの中も真暗闇。ヘッドライトの照らし出す前方だけ

ペテペテ（ミニバス）をチャーターして、エビ養殖池を歩く（南スラウェシ、83年8月）

が、ほの明るい。ときどき天秤棒をかついだカンポンの住民がライトに浮かび出されては、消えていく。

とはいえ、尻が痛いのを除けば、熱帯夜を疾走するオンボロバスの旅も、それなりの情緒を味わうことができる。外から見れば汚いし、壊れそうだが、前述のコルトに比べれば、あまりにオンボロで暴走がきかないぶん、安全のような気がする。運転手は年配で、運転席の上にはコーランの聖句なのだろう、アラビア文字のお守りのようなものが貼られている。乗客たちは羊のようにおし黙ってはいるが、どことなく運転手と車掌とに率いられた団体のような雰囲気がある。

20年以上も使い古しただろうこのバスをセランの町はずれで降りると、ベチャが待ち受けている。深夜２時半、数人の乗客が降りるのを知っているかのように、ベチャ屋が寄ってくる。いままでベチャにうずくまって寝ていた感じの、ねぼけ顔の若い運ちゃんもいた。

知り合いの家まで、ほんの数百ｍをベチャに乗った。町はずれで、

近距離移動用の乗り合いミニバス(バリ島、85年2月)

家もまばらである。だだっ広い畑らしき平原の向こうには、ヤシの木と回教寺院の円屋根が黒々と星空に浮かんでいる。ベチャはほろをすべて開けて無蓋。満天の星空、アスファルト路を滑るように走る。スプリングがきいている。

スピードをあげると、「ブーン、ブーン」という心地よい金属音が闇夜にこだまする。車軸に2～3本の鉄環が通されていて、それが鳴り出すのだ。ベチャが振動すると、運転手のそばにハガネで弓なりに釣った鈴が「ネン、ネン」と澄んだ音を響かせる。暗闇でも対向車の識別ができる知恵であるし、乗客の爽快さを増す心憎い工夫である。ブーン、ブーン、ネン、ネン……。空が本当の空であるかのように広い。

ベチャは一般的に評判が悪い。封建的乗り物だ、搾取的だ、運転手にとっては苛酷な労働だ、車の邪魔だ。どれも、それなりに正しい。しかし、ベチャは大地を人間らしく移動させてくれる乗り物でもある。少なくとも、戸口から戸口へと確実にわれわれを運んでく

ピナツボ火山の爆発後、火山灰に覆われた麓《ふもと》の道をジープニーが行く（92年10月）

れる。車のように、衝突して人を殺したりはしない。横断歩道橋や地下道の穴蔵に人びとを追いやったりもしない。人びとに恐怖の沈黙を強いたりしない。

「アトス、ディディウ」（着きました。ここです）

運転手のおじさんが、降りることを促した。自分が先に降り、客の荷物をひきとって降ろしてくれる。

「トゥリマカシ、バニャ、バン」（おじさん、ありがとう）

「サミ、サミ、トゥアン、ハトゥル・ヌフン」（どういたしまして旦那、どうもありがとうございました）

ジャワの片田舎で、深夜の労働をいとわぬベチャ屋は、貧しい民であるにちがいない。だが、利用する人と労働する人の間に心のつながりがある。「移動する」というのは、人の営みのなかでもかなりの比重を占める大事な行為だ。スピードや能率（低コスト高速移動）だけが「移動」の基準なのだろうか。ベチャに乗っていると、こんなことを考えさせられる。

スンバワ島を横断するトラック改造型バス
(西ヌサ・トゥンガラ スンバワ、75年11月)

実は、わたしのベチャへの思い入れで書いたこの文章(『小さな民からの発想』時事通信社、1982年。今回、やや手を入れた)は、冒頭にも書いたように畏友の小泉さんにこっぴどく叱られた。ベチャの運転手はとてつもなくつらい労働をしているのに、あんなに牧歌的な書き方はないだろうというのだ。言われてみればそのとおりだが、わたしはまだベチャやベチャの運転手を厳しい「インフォーマル・セクター」の肉体労働者としてだけは描けない。

馬車にも乗った。三輪タクシーのバジャイにも乗った。ミニカーにもヘリチャにも乗った。こうした乗り物は、つぎからつぎへと「近代都市」から追われていく運命にある。農村から都市に出稼ぎに来る多くの貧しい若者は、さほど技術を必要とせず、参入も比較的容易なベチャの運転手になる。必死に働くが、ほとんど蓄財などできない。肉体と健康をすり減らすだけの労働なのである、と小泉さんは言いたかったのだろう。

いまでは、大きな都市ではほとんどベチャを見かけなくなった。

ベチャが全盛期のころ（ジョグジャカルタ、75年8月）

トゥカン・ベチャ

オイラはベチャ屋　オイラはベチャ屋
街の通りで食うために
積み荷を探してエッコラエッコラ　ペダルこぎ
遠路はるばる汗流し、汗が流れてすっ転ぶ
朝は早よから日の落ちるまで、西に東に北、南
雨も暑さも何ものぞ
ああ　オイラはベチャ屋　オイラはベチャ屋
チャチャチャ……

（ブルーリー・ペスリマの歌「トゥカン・ベチャ」、村井吉敬訳）

バス停の屋根には「新体制（スハルト）のクローニーを裁け」とある
（ジャカルタ、02年7月）

スハルト政権崩壊とタクシーの運転手さん

最近インドネシアでいちばんよく乗るのは、バスを別とすればタクシーだ。1998年７月末から８月、タクシーの運転手さんにたくさんの話を聞いた。97年夏以降の通貨・金融危機（クリスモン）の影響で、インドネシア経済は破綻（この時期の1000ルピアは8円）、民主化を求める声も高まり、５月にスハルト政権が崩壊したばかりだった。国じゅうが何となく沸いていた。春の訪れのようでもある。しかし、運転手たちからは、喜びだけではなく、将来を懸念する声も聞こえてきた。

「わたしはサントソ、1953年ジャカルタ生まれ。今年で45歳になる。75年からタクシー・ドライバー。３人の子どもは高校生、真ん中が女の子。一人は警察学校に行ってるから、将来は警察官になる。

このタクシーは賃借している。１日の賃料は14万ルピア。これ

最高検察庁前で、スハルトの不正を裁くように訴える学生・NGO によるデモ
(ジャカルタ、2000年2月)

にはガソリン代も入っている。わたしは2～3日に1日しか働かない。朝の6時から深夜12時までが労働時間だ。1カ月平均で12日働く。賃料を差し引いた純益が1日平均5万ルピア、だから月に約60万ルピア稼いでいる。でも、これではメシ代だけさ。子どもの教育費が高いし……。

スハルトが辞めてよかった。スハルトは悪い。みんなポケットに金を入れてしまうんだから。32年間、本当に悪いことをしてきた。家族もみんな私腹を肥やしてきた。テレビで辞めるのを知って、初めは本当にうれしかったけど、ハビビが大統領になるって聞いて喜びは半減したね。ハビビも、ファミリービジネスをやっている。

メガワティ* をわたしは支持している。アミン・ライス* もスハルトを倒した側だからいい。でも、グス・ドゥール* は問題だ。い

＊メガワティはスカルノ初代大統領の長女。アミン・ライスはイスラーム系知識人。グス・ドゥール(アブドゥルラフマン・ワヒド)は最大のイスラーム組織ナフダトゥル・ウラマーの指導者。3人は当時、民主化の指導者として支持されていた。ウィラントは国軍司令官(当時)。

学生を取り締まる治安部隊（ジャカルタ、2000年2月）

つもあっちに行ったりこっちに来たりで揺れ動いているじゃないか。ああいうのはよくない。学生はもちろんいい。ウィラント将軍*もいい。でも、国軍は困る。知事も閣僚もみんな軍人だよ。

メガワティの親父のスカルノは偉かった。スカルノのことはもちろん覚えている。演説が本当に上手かったけど、メガワティは普通かな。スハルトは訛っているし、原稿を読んでいたのでダメだ。

トゥトゥット**がこの高速有料道路を経営してるって？　しかも、高速有料道路は日本の援助でできたって？　それは悪い。国の道路だから、ある人がそこで儲けるなんて信じられない。学生たちが国会・国民協議会に立てこもって屋根にまでのぼっていた風景がCNNやBBCで放映されたのは、いいことだよ。将来ハビビからメガワティに大統領が代われば、とてもいいと思う。

（スハルト退陣につながるジャカルタ暴動の起きた）5月12日と13日

**スハルト大統領の長女。正式の名はシティ・ハルディヤンティ・ルクマナ。

ドイモイ（刷新）のベトナムにはオートバイがあふれていた（ホーチミン、08年2月）

にはわたしも流していたけど、客は少なかった。あのコタでの暴行、強姦事件*は本当に悪いと思う。わたし自身デモや集会に参加したわけではない。テレビは検閲ばかりだったが、いまは少しまともになってきている」

（98年7月31日、ジャカルタ市内から空港に行くブルーバード）

このタクシー運転手が高速有料道路とトゥトゥットの関係を言ったのは、わたしが質問したからだ。ジャカルタ市内を走る高速有料道路の一部は、日本のODA資金（借款）で建設されている。しかし、その管理はトゥトゥットの経営する民間会社に委ねられていた。公金で建設された道路を大統領ファミリーの民間会社が管理し、収入源にしていたわけだが、さすがに運転手はそのことは知らなかった。

＊ジャカルタの華人街で暴動が起き、主として華人が焼き討ちや暴行の犠牲者になった。1000人もの犠牲者が出たといわれる。誰が暴動を起こしたのかは不明のままである。

水牛が耕耘機を曳く(東ティモール　アイレオ、2000年3月)

「ジャカルタに来て12年になる。キリスト教系の大学で技術を学びながら運転手をしている。タクシーの運転手になって4カ月。トバ・バタック人[*]のプロテスタントで、年齢は34歳、両親は死んだ。

ハビビ大統領はスハルトの操り人形にすぎない。スハルトはマルコス(と同じ)だ。蓄財ばかりしてきている。子どもも同じだ。トゥトゥットもバンバンもシギット[**]も蓄財ばかり。スハルトは国家の財産を奪ったのではなく、民衆の財産を奪ったのだ。スハルトが退陣したとき、少なくとも満足だった。ハビビは経済問題を克服できないからダメだ。メガワティがいい。アミン・ライスは政治の場に宗教をもち込むからダメだ。たしかにインテリは彼を支持してるけど。ウィラントは軍人だし、軍は政治に関与してはいけない。

経済が悪すぎる。ジャカルタの最低賃金は5500ルピアでしかな

＊北スマトラ・トバ湖周辺に住む民族。バタック人にはトバ・バタック以外にも3つのグループがある。

＊＊バンバンはスハルトの次男で、正式名はバンバン・トリハトモジョ。シギットはスハルトの長男で、正式名はシギット・ハルヨユダント。

ディリから南の山間部への乗り合い自動車。数が少ないので、いつも超満員（01年11月）

い。仕事を得ようとしても、コネがなければダメだ。大学を出ても仕事がない。これから改革と言っても、少なくとも３年くらいはダメだろう。経済も３年以上はダメだろう」

（98年8月22日、ジャカルタ市内）

「わたしは中ジャワの港町チラチャップで生まれ育ち、中学校まで卒業した。ジャカルタに来たのは89年だから、もう10年近く働いている。両親はまだチラチャップにいるよ。ここで結婚した。子どもは一人で、まだ２歳。チラチャップには港もあるし、プルタミナ（国営石油公社）もセメント工場もある。

スハルトの時代はどうかって？　そりゃあ、いまよりよかったさ。だって、いまは稼ぎがすっかり減ってしまった。食うのにやっとだよ。貯金なんてできない。何しろ物価がみんな上がってしまった。米も上がるし、スンバコ（生活必需品）はみな値上がりさ。粉ミルクは、もう高くて買えない。水やお茶を赤ん坊に飲ましてるよ。

パプア・デパプレの乗り合い船(93年2月)

馬車が行く。このころ、馬車は多く見られた(マドゥラ島、83年8月)

栄養はもちろん十分ではない。以前はこんなことはなかったさ。

スハルトがいなくなって、みんなレフォルマシ(改革)だなんだって言ってるけど、あんなのは口先だけ。民主主義って言ったって、口先だけなんだよ。レフォルマシはKKN(汚職、癒着、縁故主義)をなくすっていうけど、そんなの信じられない。

スハルトが辞めた後、スハルト・ファミリーの会社は影響を受けている。うちはブルーバードだから関係ないけど。ファミリー経営のタクシー・グループのチトラなんて大変じゃないの。大統領も、ファミリーも、金持ちすぎる。貧乏人はずっと貧乏だ。公務員も軍人、いい気なもんさ」　(98年7月29日、ジャカルタ市内)

「わたしはスラウェシ島シンジャエの出身。妻はブルクンバ*の王族の出です。13年前にウジュン・パンダンからこちらに来ました。ここに来る前に経済高校を卒業し、95年に結婚して子どもは２歳

*南スラウェシの港湾都市。

馬に乗る筆者(中スラウェシ リンドゥ湖、02年3月)

です。クリスモンなので、タクシー運転手も楽じゃありません。米は以前１kg1200 ルピアだったのが、いまでは2000ルピア、食用油は１ ℓ 3000 ルピアが7000ルピアにもなっています。ガソリンも１ ℓ 700ルピアが1000ルピアです。タクシーの賃料は１日４万ルピア、10万ルピアの売り上げがあっても、ガソリン代を払えばせいぜい４万〜５万ルピアでしょ。しかも、これが毎日続くわけではないし。クリスモンは本当に最悪です。

民主化とかレフォルマシとかスハルトが辞めたと言っても、わたしらのような一般人にとっては「沈黙」でしかありません。いつの時代にも一般人はただただ偉い人の言いなりだったのです。政府がやることですし、わたしたちの関心は暮らしをどう立てていくかだけです。腹一杯食べられることが何よりです。スハルトが大統領のときには、クリスモンはなかったのは事実です。レフォルマシといったって、経済をよくすることを望むだけです。政治のことは知りません」

(98年8月17日、パプアのビアク島)

エビとナマコと南海産品と

大きな魚と少年と父親と（マルク　タニンバル諸島、92年9月）

エビの粗放養殖池。池の藻が発生させる
プランクトンがエビのエサになる
（東ジャワ シドアルジョ、07年6月）

有機養殖のブラックタイガー
（シドアルジョ、07年6月）

エビを追いかけて海辺を歩くようになった。ジャワ島、スラウェシ島、マルク諸島と、インドネシアを東へ東へと歩いた。1980年代のことである。そこで出会ったのが、さまざまな海産物（南海産品）だ。オーストラリア北部の旅は、ナマコを追う旅となった。トビウオの卵、南洋真珠の母貝である白蝶貝、フカのヒレ、ツバメの巣、ジュゴン……。たくさんの産品に出会い、いつも興奮気味だった。タイや台湾にもエビを求めて旅をした。

エビを追って歩く

アジア太平洋資料センター（PARC）のエビ研究会（エビ研）は、1982年５月に発足した。

エビは鶴見良行さんが研究していたバナナと同じようになじみのある商品で、産地は東南アジアが多い。それで研究対象にした。初期のメンバーは、石川治夫、内海愛子、鶴見良行、福《ふ》家《け》洋介、そしてわたし。のちに、喜《き》原《はら》好文、北原妙子、鈴木隆史、角田季美枝、

海を荒すエビトロール船
(パプア ビントゥニ湾、04年8月)

小漁民たちのエビ刺網《さしあみ》漁
(ビントゥニ湾、04年8月)

中島大、中村尚司、西沢忠晴、櫨山《はぜやま》啓子、宮内泰介などが加わっている。内海、鶴見、福家、村井の４人で、インドネシアやオーストラリアに何度も調査に出かけた。

86年３月22日、マルク諸島アンボンの飛行場。某財閥の御曹司がインドネシア空軍の偵察機をチャーターしてくれた。彼は上智大学の卒業生で、偶然ウジュン・パンダン(現マカッサル)の飛行場で出会った。自分のエビ会社がアル諸島にあるから見に来いという。「渡りに船」とはこのことだ。こうした経営側の人に「便宜供与」を受けることは、少し後ろめたい。でも、エビの「現場」を見てみたい。

空軍偵察機は目が飛び出たトンボのような形をした不思議な飛行機で、乗る前に全員の体重が計測された。しかも、荷物の重さも量り、もっと軽くしなければ飛べないという。ウィスキーが入った水筒が問題になり、鶴見さんが泣く泣く置いていく羽目になる。

偵察機はアラフラ海を南東に進み、御曹司の会社の滑走路に無事

一列に並んで作業するエビ冷凍工場の労働者
(東ジャワ シドアルジョ、06年12月)

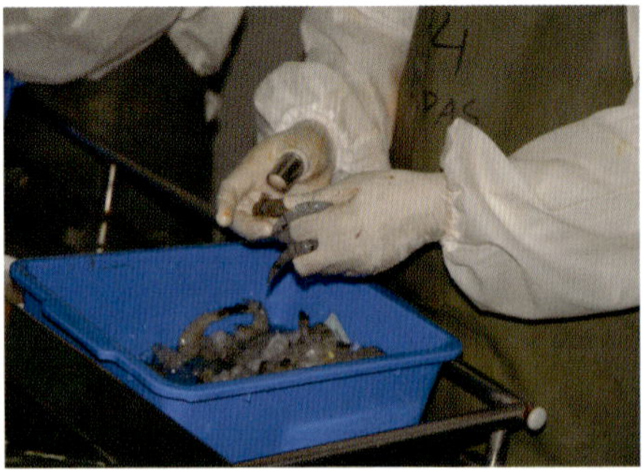

金属製の爪でエビの殻をむく
(シドアルジョ、07年3月)

到着した。アル諸島で比較的大きいコブロール島のベンジーナである。ここはミニ・エビタウンで、大きな敷地に飛行場、冷凍工場、ドック、そして社員寮がかたまっていた。その社員寮に厄介になる。冷えたビールがたくさんあり、鶴見さんは上機嫌になった。

会社のかなりおんぼろの木造トロール船で、わたしたち４人の希望するところに案内してくれた。「あご足付き大名旅行」とでもいうような恵まれた旅である。

アル諸島周辺は豊かなエビ漁場だった。おんぼろトロール船がトロール網を引っ張って、エビ漁を見せてくれる。けれども、エビは思ったほどは入らない。その一方で、底引き網だから、底にいる魚をすべて引き上げてしまう。イカもあればナマコもある。雑魚もいっぱいいる。この会社は雑魚を海に捨てなかった。港まで運んで、フィッシュミール(魚粉)工場で加工するのだ。ところが、アラフラ海で操業する大きな鉄製トロール船は、日本の水産会社を含めて雑魚を海に捨ててしまう。冷凍施設をもっているが、雑魚まで冷凍に

漁礁を使ったルンポン漁で収獲された魚の分け前(アランアラン)にあずかる子どもたち
(中ジャワ レンバンの浜、83年8月)

したら利益が上がらないからである。

東南アジアは海産物の宝庫

エビを求めて海辺や養殖池を歩きまわるうちに、たくさんの海産物に出会った。たとえば中ジャワの北海岸にあるレンバン。この町の情報があったわけではない。知り合いがいたわけでもない。しかし、なんとなく嗅覚が働いた。ここは実に面白かった。

ちょうど、ルンポンと呼ばれる漁礁*(沖縄ではパヤオと呼ばれる)からの水揚げ船が到着したところだった。この船は海底にヤシの葉を沈めて、そこに集まる魚を獲る。漁港には水揚げされたイワシやカツオなどの魚を運ぶいちばの人間が集まり、賑わっていた。女性や子どももたくさんいる。彼らはポリバケツを持ち、魚を運ぶ人から分け前をもらおうとする。この分け前をアランアランと呼んでいた。アランアランというのは茅(チガヤ、ススキ)のことだと思ってい

＊小魚が寄りつきやすいように、海中に吊るしたロープにヤシの葉をつけたりする。

04年12月のスマトラ島沖地震・大津波で被害を受ける前の養殖池（アチェ、04年8月）

エビの粗放養殖池。マングローブが残されている（南スラウェシ　マロス、05年8月）

たが、「贈り物」の意味もあるというのは後で知ったことだ。

古い街並みを歩いていると、トントンと杵《きね》で搗《つ》く音がする。門の隙間からのぞいてみた。その後の調査で「のぞき」が日常化したきっかけは、ここにある。家の中で女性たちが楽しそうに搗いていたのは小エビだった。塩と混ぜ合わせ、搗いて固めると、固形の魚醤《ぎょしょう》トゥラシになる。インドネシアの大半の地域で、このトゥラシは料理の基本調味料としてよく使われる。市場に行けば必ず見かける。

この後、スラウェシ島、アンボン島へとエビの旅を続けた。南スラウェシでエビの養殖池を見学し、タカラシで養殖試験場をやっておられた貫山義徹《ぬきやまよしてつ》さんのお世話になる。「犬も歩けば」式のエビ調査もどうやら軌道に乗ってきた。

1980年代中ごろまでのインドネシアのエビ養殖池は、人工飼料をやらず、機械化された羽根車（エアレーター）も回さず、まして抗生物質などの薬品も投与しない、自然養殖（粗放養殖）が普通だった。それと対極をなすのが集約養殖池で、初めて出会ったのは85年の

トビウオの卵工場。卵を選別し、ごみを除去している
(南スラウェシ パレパレ、83年8月)

台湾だ。1haあたり収獲量が10tにも20tにもなると聞いてびっくりした。スラウェシ島の粗放養殖ではせいぜい200kgほどだから、50倍にも100倍にもなる。わたしはイネの高収量品種導入による「緑の革命」を思い浮かべた。案の定、集約養殖の池では病気が蔓延し、台湾のブラックタイガーの集約養殖は88年に崩壊する。

港町パレパレでも「のぞき」の効用があった。夜、体育館のような大きな建物の中で、女性たちがおしゃべりしながら座って作業している。子どもも混ざっている。トビウオの卵(トビッコ)をヤシの葉からほぐし落とす作業だった。海面に浮遊する葉に産卵するというトビウオの習性を利用し、人工的に船から籠を垂らし、その籠の中にヤシの葉をつける。このあたりはトビウオの採卵漁が盛んだったのである。このトビウオの卵はすべて日本に輸出されていた。トビウオの卵との出会いはあまりに面白かったので、その後わたしは「トビタマ御殿の国際関係」という一文を奏している(『スラウェシの海辺から』同文館、1988年)。

竹製の伝統的用具プラヤンでエビを収獲する（東ジャワ シドアルジョ、07年6月）

エビ田の娘

エビ田の仕事は　ほんとにつらいわ　私のいい人
お化粧して　街に遊びに行く暇なんてないんだから
ジーンズの上に　パートゥン*巻いて
泥だらけ　汗だらけ
もう臭くって　たまんない

まだまだあるわ　休みの日はないし　毎日びしょびしょ
いい気持ちなんて日はないの
朝の３時、４時から　あくびしながら働いて
ほんとにつらいったら
でも　エビはまだまだ少ししか獲れない

＊タイの筒型巻きスカート。

わたしたちが食べるエビ・フライはここでつくられていた(シドアルジョ、07年6月)

だから待ってて　私のいい人
待ってて　もうすぐ村で会えるわ
だって私の父さん　まだとっても貧しい
何の望みもなく　泥のように生きてる
だから待ってて
あせらないで　私のいい人

(タイのバンド「ガトーン」の歌、岡本和之訳。『タイ・日本民衆交流ニューズレター』第6号、1989年2月)

マングローブの薪木でナマコを燻蒸《くんじょう》する（スールー諸島シタンカイ島、87年3月）

ナマコとの出会い

ナマコと出会ったのはエビを追いかけ始めてからである。鶴見さんは、ナマコについて『マラッカ物語』（時事通信社、1981年）で少しふれている。東南アジアの歴史文献にナマコがしばしば登場することから、関心をもったのである。なぜナマコなのか。そのころ、わたしにはわからなかった。彼自身も、よもや『ナマコの眼』（筑摩書房、1990年）という大著にまで至るとは思っていなかったはずである。

時期は前後するが、83年８月から９月にかけて最初のエビの旅をした。ジャワ島の北岸、マドゥラ島、南スラウェシ、アンボン島などで、エビ漁民、養殖の現場や冷凍工場を訪ねる旅。「村井さんの勘が冴えていた」とは、同行の内海氏の言葉。つぎつぎとエビの“場面”、エビの“現場”を探し当てていった。ナマコに出会ったのもこの旅である。

南スラウェシの半島を横切って、ワタンポネ（ボネ）という昔の王

ナマコを茹でる（南スラウェシ　バジョエ、83年7月）

国の王都に出た。ボネ湾に面した静かな町だ。そこにバジョエという船着き場がある。バジョエは海の民バジョ（バジャウ）の住むところだ。バジャウ人は東南アジア島嶼部一帯の海辺に住む。もともとは家船（船が住む家になっている）で移動しながら暮らしていたと思われるが、今日ではほぼ海上家屋に定住している。生業はほとんど漁業だ。そのときは干潮だったので、バジャウ人のカンポン（集落）の家は、陸地に建っているように見えた。

集落をフラフラと歩いていくと、おばさんが大きなドラム缶で何かを茹でている。のぞいてみるとナマコだった。何となくわたしは鶴見さんのナマコをもてはやす気分になっており、興奮して叫んだ。

「鶴見さん！ありました。ありました。早く、早く！」

おばさんが煮立ったドラム缶の釜を棒でかき回しているのに、「ありました！」はない。でも、興奮していたのでそんな言葉づかいになってしまった。これがナマコとの初めての出会いである。そして、バジャウ人との出会いでもあった。

燻蒸後に行うナマコの日干し
(東南スラウェシ　ブトン島バウバウ、88年7月)

ナマコを開く
(スールー諸島シタンカイ、87年3月)

それにしても、ナマコといい、女性といい、実に絵になる光景に写真を撮りまくってしまった。『ナマコの眼』のカバーに使われている写真も、ここで撮った一枚である。

東南アジアでナマコを採取・加工するのは、多くの場合バジャウ人である。ナマコの加工はかなりの手間がかかる。採取したナマコの腹を裂き、コノワタを引っ張り出し、きれいに洗浄して釜茹でする。砂の中に埋めて軟骨を溶かす方法もあるというが、見たことはない。その後、２～３日かけてゆっくりと燻《いぶ》す。燃料にはマングローブが使われる。それから、さらに日干し乾燥する。製品としての干しナマコになるまで、少なくとも１週間はかかるだろう。

ナマコは海底に潜み、その醜悪ともいえる姿かたちで、人びとからはけっして好かれる動物ではない。バジャウの人びとも、世界の多くの海民と同じように、陸地を根城とする社会から疎んじられた人びとである。スラウェシではブギス人やマカッサル人が優位に立っている。彼らが大きな船を建造し、流通を牛耳る。ナマコやフカ

南海交易品のナマコ（下）とフカのヒレ（バウバウ、88年7月）

のヒレやツバメの巣など中国料理の食材になる商品については、華人がその上に君臨している。近年は、バジャウ人のかなり大規模な事業家が現れた。大きな船をもち、華人と直接取引する人もいる。

だが、ナマコを食べないバジャウ人は、この干しナマコがどこに行き、誰がどんな調理をして食べるか、正確には知らされないまま採取・加工してきたようだ。

至福の時

この出会いの後、いつものようにバスに乗り込んで移動すると、コーヒーの馥郁《ふくいく》たる香りが漂ってきた。夕日に映える棚田、芳香に包まれたバス。「この世の天国」とは同行者の言葉だ。

東南アジアの旅で、天国は何度も経験している。たとえば満月の夜、南スラウェシのシンジャエからブルクンバに向かう途上、薄暗いカンポンを通り抜けると、ヤシの葉のシルエットが浮かび上がり、棚田に満月が映し出された。まさに田毎《たごと》の月である。段々状の水田

日記に描いたバガンの絵(東ヌサ・トゥンガラ　フローレス島マウメレ、08年8月)

の一枚一枚に月が映し出される。インドネシアの影絵芝居をこうしたなかで見ると、いっそう面白い。

鍛冶屋諸島から帰るときの船も天国だった。水平線に黄色い大きな月がどーんと顔を出す。わずか２～３ｔの小舟がバンダ海の波を静かに切り裂いて進むと、船のまわりには夜光虫が光っている。真昼の過酷な移動を忘れさせる一時だった。

インドネシアの海では、至るところでバガン(やぐら式敷網)が見られる。定置網より、船で移動させるものが多い。もちろん浅瀬の海である。それでイワシなどの小魚を獲っていることを以前から知っていたが、その現場は見たことがない。フローレス島マウメレ近くのバジャウ人集落ウリンで知り合ったムスタファさんに、バガン船に乗ってみたいとお願いした。2008年９月２日の夜のことだ。

小さなボートでバガン船まで運んでもらう。三日月は消え、まばゆいばかりの満天の星、天の川もすっかり見える。生温かな風、穏やかな海、ボートがかき分ける白波に夜光虫が光っては消える。

海を移動するバガン(バリ島北海岸、94年8月)

30分ほど走る。途中小さな釣り舟が２隻。あまり漁に出ていない。やはり断食(ラマダン)の影響かもしれない。

やがて、ランプを煌々《こうこう》と灯した、２隻を竹でつないだバガン船が見えた。竹を正方形に組み、その両脇を２隻の船が支えているのが、移動式バガンである。その船に乗せてもらう。船の長さはおよそ７～８ｍ、幅は広いところで約１ｍ、底は深く80cm ぐらいある。４人が乗っていた。

網をあげるまで３時間ほど待つ。バガンのおよその構造と漁のやり方が初めてわかった。船と船の中央の竹竿からランプ(現在は発電機を利用した蛍光灯)を灯し、集魚する(このバガンの場合23W×５、真ん中あたりに11Wの下向け集魚灯)。常に誰かが、海中の魚の寄りつき具合を観察している。

魚が寄り始めると灯の光を落とし、網を入れる。網入れは竹竿をこちら側から向こう側に運びつつ沈め、錨《いかり》２個も沈めて固定する。網は一方の船の側に竹竿とともに納められ、魚が集まり出すと海中

バジャウ人の海上集落(東南スラウェシ 鍛冶屋諸島カレドゥパ島、84年7月)

に沈める。このバガンの網の大きさは9×7m、深さ1.5m。立方体になった網を海中に3m沈め、灯を再び明るくして魚を待つ。

しばらく観察しつつ魚が寄りついたと判断すると、興味深いことに、灯を一つずつ消していく。最後に中央の下向け集魚灯だけが残される。その下に魚が集中し、飛び跳ねているところで、網をあげるのである。思ったほどの素速さではない。すでに袋の鼠状態なのであろう。脇から魚が逃れる心配はあまりないようだ。

こうして漁獲されるのはイワシ主体の小魚。獲れた小さなイワシは、持参してきた塩ですぐ漬けられる。カツオ船からのひきがあれば、活き餌としても売る。

バガン漁を終え、ここに連れてきてくれたボートでバジャウ人のカンポンに戻る。波はない。生温かな東の風が微かに吹いている。降りそそぐような星、星、星。ボート脇の波に夜光虫が大きく青く点滅しては消え、またつぎつぎに現れる。暮らしと自然の調和、穏やかな海で至福の時をまた体験した。

オーストラリア北部アーネムランドのアボリジニ一家。
ここでかつてナマコを獲り、加工していた(87年8月)

ナマコの向こうに歴史の裏街道が見える

ナマコをめぐる鶴見さんとの旅はその後も続く。わたしは84年に、在外研修でオーストラリアに半年ほど滞在した。ナマコのことが相変わらず気になっていたので、シドニーの大学の図書館やキャンベラの国立図書館などで、ナマコの資料を探してみた。すると驚いたことに、オーストラリアではほとんど「ナマコ史学」ともいえるような研究の蓄積があった。その代表作は、歴史学者キャンベル・マックナイトが著した『マレゲへの航海——北オーストラリアでのマカッサル人ナマコ漁民』*である。

これは衝撃的な本だった。南スラウェシのマカッサル人らが、白人がこの地に定住するずっと以前から、北オーストラリアの、とくにアーネムランドの海岸にナマコ採取にやって来ていたというので

* Macknight. C. C., *The Voyage to Maregé: Macassan Trepangers in Northern Australia,* Melbourne University Press, 1976.

アボリジニーがナマコの加工労働に参加していたことを示すイギリス人の絵（1845年）
（Macknight, C. C., *The Voyage to Maregé :Macassan Trepangers in Northern Australia,* Melbourne University, Press, 1976）

ある。彼らは多い年には200艘もの帆船を仕立て、モンスーンに乗って来た。人数は2000人にも及び、オーストラリア大陸先住民族であるアボリジニーとの交流や共同労働もあった。

そうか、鶴見さんはこんなことまで考えていたのか。わたしは興奮して、何度も日本にいる彼に手紙を出した。すると、鶴見さんからも興奮した手紙が返ってくる。ナマコをめぐっての「良行さんと村井さんのラブレター」と友人たちはひやかした。東南アジアのナマコを追っていたら、とうとうアーネムランドに達し、オーストラリア史の見直しにまで行き着いてしまったのである。わたしたちは87年には、アーネムランドやトレス海峡を旅した。

エビの旅がほぼ終わると、鶴見さんはますますナマコに傾斜していく。わたしの関心は、バジャウ人やアボリジニーと東インドネシア諸島民の交流史に移っていった。87年３月には、フィリピン最南西端のスールー諸島タウィタウィ島とシタンカイ島に出かけた。ここにはサマの人びとが住んでいて、きわめて大規模な海上集落が

ナマコを銛《もり》で突く
（スールー諸島シタンカイ島、87年3月）

ナマコの日干し乾燥
（シタンカイ島、87年3月）

ある。すぐ向かいはマレーシアのサバ州である。

サマの人びとはナマコも獲っていた。おばさんがカヌーに立ったまま、銛《もり》で巧みにナマコを突く。シタンカイ島から10km離れたサンゴ礁の海上にある小さな海上集落では、ナマコを燻していた。

わたしはバジャウ人のナマコ漁が、もっぱら北東オーストラリア沿岸（アーネムランドからカーペンタリア湾）で行われていたと思っていた。しかし、ジェームス・J・フォックス（オーストラリア国立大学教授）は最近の研究成果をもとに、西北オーストラリアでのバジャウ人の漁業活動にふれている。

それによれば、オーストラリア領海に属するアシュモア環礁（インドネシアのロテ島の南）から、さらに南下してオーストラリア西北部（キムバリー）海岸までもが、バジャウ人の漁業活動範囲に入っているという。バジャウ人のナマコ、サメ（おもにフカのヒレを採取する）、タイマイ（鼈甲《べっこう》を取る海亀。メガネの縁や櫛に利用された）、高瀬貝（ボタン用）、白蝶貝（南洋真珠の母貝。螺鈿《らでん》細工やボタンの材料）など

アナツバメの巣の洞窟
（マレーシア　サバ州ゴマントゥン、91年8月）

フカのヒレや魚を干す
（マルク　タニンバル諸島、92年9月）

を求める歴史的南下運動は、オーストラリア海岸にまで達していたのである。ロテ島にはつい最近（08年８月）に行くことができた。

南海産品（鶴見さんは南海特殊産品と呼んでいた）には、このほかに、ゴクラクチョウ、ツバメの巣、竜涎香《りゅうぜんこう》、蜜蝋、ダマール樹脂、白檀、丁字《ちょうじ》、オウム、鹿茸《ろくじょう》などがある。竜涎香というのはマッコウクジラの腸内にできる結石で、香料にされるという。蜜蝋はミツバチの巣の蝋でロウソクに使われ、ダマール樹脂はフタバガキ科の樹木が分泌するヤニで、塗料に用いられる。白檀はかぐわしい香りを放つ香木で、扇子などに加工される。鹿茸は鹿の角の先端の粉末で、精力剤になるという。いずれも中国を大きな市場としている。これらの交易は、ヨーロッパ中心の史観が見落としてきた歴史の「裏街道」と呼べるものだろう。

バニュワンギの「帝国」ホテル

雷鳴が天地を轟かし、稲妻が白夜を生み、驟雨《しゅうう》が洪水を誘う。雨

羽根車が回るエビの集約養殖池(東ジャワ シトゥボンド、08年6月)

季の末期、2003年３月の旅は、まずスラバヤからバニュワンギに向かった。車で数時間だ。途中で、スハルトのファミリー・ビジネスとして悪名高いパイトン石炭火力発電所のそばを通る(これには、日本輸出入銀行、海外経済協力基金(OECF)、三井銀行・富士銀行・日本興業銀行(いずれも当時)などが絡んでいる)。25億ドルのプロジェクトのうち12億ドルが消えたという、すさまじいものである*。

1996年10月に暴動があり、98年には「NINJA 部隊**」が暗躍したシトゥボンドの町も通過した。ナシ・ラウォン(牛臓物のシチューとライス)の美味しい食堂(プロボリンゴ)で昼食をとった。東ジャワのこの一帯は最大のイスラーム組織ナフダトゥル・ウラマーが最強とされている地域でもある。

夕刻、ジャワ島東端のバニュワンギに到着した。「バニュワンギ

＊詳しくは『スハルト・ファミリーの蓄財』コモンズ、1999年、参照。
＊＊黒装束の殺人部隊で、正体は不明(陸軍特殊部隊説もある)。多くのイスラーム指導者が殺された。

海上で暮らすバジャウ人の家船（マレーシア　サバ州センポルナ、91年8月）

の帝国ホテル」と友人が呼ぶ、マニャールというホテルに泊まった。ここに秋篠宮と紀子さんが泊まったので、友人は「帝国」ホテルと呼んでいる。近くの国立公園に野生のニワトリが生息しているようで、それを秋篠宮が見に来たという。

「トッケィ」「トッケィ」とトッケイ（大きなヤモリ）がときおり鳴く、湿った夜だった。

南洋真珠の浜揚げ

カンゲアン諸島と呼ばれるバリ島の北側に連なる小さな島々は、バニュワンギから定期船で約12時間かかる。真珠（白蝶貝の南洋真珠）の珠の収獲（浜揚げという）を見学しに行った。これまで真珠の養殖場は何カ所も訪問したが、浜揚げに出会ったことはない。

業者にとっては企業秘密を含むだろうこの作業を見学させてくれたのは高城芳秋《たかじょうよしあき》さん。鹿児島からインドネシアに行って真珠養殖に成功した、映画大好き人間である。「貝から成長した珠を出す」と

真珠の浜揚げ（カンゲアン諸島、03年12月）

書くと単純に聞こえるが、具体的にどうやってやるのか、この目でぜひ見たかった。

たいした波もなく、船は３月４日の深夜１時に、カンゲアン諸島でもひときわ小さなサペカン島に着いた。この小さな島の住民はほとんどがバジャウ人だ。行政的には東ジャワ州スムナップ県（マドゥラ島の東端）に属す。もともとはスラウェシ島にいた一部が南下して、この小さな島に住みついたものと思われる。

サペカン島からスピードボートで20分ぐらいのところが、めざす真珠養殖場。パリアット島という小さな島だ。この養殖場の立派なゲストハウス（海上施設）に１週間ほどお世話になり、浜揚げをじっくり見学させてもらった。

３月５日が浜揚げの開始日。７時のサイレンとともに社員らが一斉に働き始める。前日に集めておいた貝を作業場に揚げ、口を開けて木の閂《かんぬき》を差し込む。それを貝の蝶番《ちょうつがい》の部分を下にして、木箱に縦２列に並べる。作業は思ったほど複雑ではない。貝を挟む挟み器に

南洋真珠。白蝶貝が母貝(カンゲアン諸島、03年12月)

加えて、豆電球付きの手術用メス、珠をかき出すメスのような先端が小さな輪になった道具、新たな核を入れる先端が半球状の道具(基本はこの3本)、珠がなかったり深く入っていたりした場合に貝肉を切断するナイフ、メスを洗うコップ、出た珠を受けるプラスティック容器を机に並べる。

貝に差し込んである閂を抜いたら、それと入れ替えにペンチのような開口器(５～６万円もするという)を挟み込み、開口したままの状態で、開口部を手前にして貝挟み器に差し込む。ごみがたくさん付いている場合は払い落とす。このとき、貝は裏側を上にする(核入れの場合は表側を上にする)。ちょうど25～35度の角度が取り出しやすい向きになるという。

まず、豆電球付きのメスで黒い表皮をめくる。すると三角筋が露出する。その右側が子宮だ。この部分を押しながら珠の存在を確認する。珠が見つかったら、右側をメスで切り開き、珠出しのメスで取り出す。取り出しにくい場合や途中で落ちた場合は、ピンセット

日本人真珠ダイバーの墓石が踏石に（アル諸島ドボ、86年3月）

で拾い出す。出した珠は、直ちに水の入ったプラスティック容器に入れる。そして、よい珠と判断された場合、新たな核をその珠のサイズに合わせながら切り開いた部分に挿入する。核のサイズは４種類。貝を採ってから核の挿入まで、およそ30秒から１分以内（速い場合は 20〜25秒）。これを延々と繰り返す。

別の真珠養殖会社から出向した３人のベテラン技術者と、この会社の若い社員の計４人が、珠出し作業についていた。出向のＮ氏がいちばん優れた技術者のように思われる。Ｙ氏は若いだけあって速い。コップをチャンチャンと２本のメスでたたきながらの作業だ。Ｈ氏は年期は入っているが、珠の発見にやや手間取りが感じられる。見習い同然の社員Ｔ氏は勉強のし始めで、手間取っている。

作業スピードに合わせつつ貝を常に補給する係、核が脱け落ちた（脱核）貝や出て来にくい貝を切り開き、肉を点検しつつ珠を取り出す係（会社の４人の若い社員）、新たに核入れした貝をネットに入れる係、それを海に運ぶ係、肉を処理する係、貝柱を振り分けて乾

日本人サメ漁犠牲者の遭難碑（オーストラリア ダーウィン、87年9月）

燥させるために処理する係、貝殻を運ぶ係など周辺の作業がかなり大変で、すべてインドネシア人がやっている。珠出しのスピードに合わせて流れ作業を展開しなければならない。各机に助手が１人、珠を確認しながら貝肉をはがす作業に４人、貝を運ぶ作業に数人、貝柱の処理作業に４人、その他数人の計15～16人が、この中枢作業を担っていた。それを差配しているのが、社長の高城さんだ。

準備作業にかなり時間がかかり、午前７時50分ごろ、Ｎ氏が第一珠を取り出す。わたしはこの養殖場開設前にも訪れていたので、高城氏と珠出しを祝って思わず握手をした。午前７時～11時と午後１時～４時の７時間で、およそ1800貝が処理される。一人400～500貝を処理した計算だ。

珠はシルバーとゴールド。ゴールドの大玉が午後から出始める。円形にならない凹凸の多い小さなケシも案外に多い。突起の出た珠、色が白い表皮に覆われた珠、核のままの珠など千差万別だ。

海水で珠をざっと洗い、すべての作業が終わってから、濃い塩水

アラフラ海のエビトロール船。両舷から
網を曳く二統曳きトロール（88年8月）

伝統的な稚エビ獲り（中スラウェシ パル、02年3月）

（塩1：珠1：水1ぐらいの容量）で珠洗い器に30分ほどかける。すると、かなりの光沢が出る。

10mm以下は商品価値なし。これが30％ほどある。この日はまずまずの成果とT氏は言うが、N氏は浜揚げ時期が少し早すぎるとの判断だった。大きなゴールド1個の卸値が30～40万円、大小36の珠からなるゴールドのネックレスは市価で1000万円もするという。

2日目からはスピードアップ、一人1000珠近くを取り出すようになる。作業は3月12日まで8日間にわたって続けられ、約2万個もの真珠が取り出された。真珠はいまでも国際的に貫匁《もんめ》の単位で量られており、合計7～8貫目（25～30kg）だった。

この卸値がいくらになるのかわからないが、あまりにたくさんの真珠を見たので、ありがたくも何ともなくなってしまった。真珠は通常は養殖業者がスーツケースなどに入れて日本に運び、日本でセリが行われる。

華人海産物商の倉庫に集められたナマコの山
（南スラウェシ ウジュン・パンダン、88年7月）

薪を頭にのせて運ぶ（東ヌサ・トゥンガラ ロテ島、08年8月）

エビの有機養殖にこだわる故ハジ・アムナン
（東ジャワ グレシク、91年2月）

海と船に魅せられて

エビ養殖池のあるマングローブ林地域を流れる川には、住民が薪を運ぶ帆船も見られる（東ジャワ・シドアルジョ、83年8月）

二艘引きの舟
(東南スラウェシ　ブトン島バウバウ、84年7月)

海に生きるバジャウ人の女性
(東南スラウェシ　鍛治屋諸島、84年7月)

港には演歌が似合う

インドネシア東部小スンダ列島スンバワ島の中央部にあるスンバワ・ブサルを訪れたのは、1975年11月だ。当時は辺境中の辺境のような町だった。食堂でとてもまずい飯を食べていると、なぜか森進一の「港町ブルース」が聞こえてきた。

背のびして見る　海峡を
今日も汽笛が　遠ざかる
……
夜をかえして　港　港　函館　通り雨♪♪

スンバワ島というと、この曲を思い出す。

ケンダリは東南スラウェシ州の州都だ。83年にここへ行ったときは、反華人暴動が起きた直後だった。小高い丘の上にあるロスメン(安宿)からは、フェリーの船着き場が見える。その日ケンダリは

マラッカ海峡に面した華人の造船現場
（北スマトラ バガンシアピアピ、93年8月）

獰猛な細長い魚ダツを獲る子ども
（カンゲアン諸島、94年8月）

雨だった。雨の港は風情があっていい。連絡船のスピーカーからどうでもいいような歌が流れてくるのもいい。

道のぬかるんだパサール（いちば）は魚が豊富で、よだれの出るほどうまそうなイカがあった。ケンダリは日本の水産会社がカツオ漁の基地にしようとしたこともあり、バンダ海の魚が集まる。

ここで思わず、日本の歌を口ずさんだ。何とも単純な発想だといまでも苦笑する。それは「長崎は今日も雨だった」（内山田洋とクールファイブ）だった。

あなたひとりに　かけた恋
愛の言葉を　信じたの
さがし　さがし求めて
……
ああ　長崎は　今日も　雨だった♪♪

港には演歌がなぜか似合う。詩情をかきたてるのか、港にまつ

タイ・メークロン川河口にあるサムットソンクラーン村の運河を行く(01年8月)

わる多くの歌がある。わたしの年代は、美空ひばりが歌う「港が見える丘」(作詞・作曲＝東辰三)を聞いていた。いつか、どこかで歌いたい。

あなたと二人で　来た丘は
港が見える丘
色あせた桜　唯一つ
淋しく　咲いていた
船の汽笛　咽び泣けば
チラリホラリと　花片
あなたと私に　降りかかる
春の午後でした♪♪

タイ南部の漁民の闘い

タイの南部タイランド湾に面して、ソンクラという港町がある。

ソンクラ周辺でイワシを獲る漁船（99年11月）

1992年11月に初めて行ったが、のどかな風情にすっかり魅了され、いまも懐かしく思う。ここは漁船が実に多い。

7年後の99年11月に行ったときは、漁船の数がさらに増えていた。アンチョビ（イワシ）を獲る集魚灯の付いた漁船のなかに、インドネシアの漁船がとても多かった。十分に調べる時間がなかったが、どうもタイの漁業関係者がたくさんのインドネシア漁船を買って、操業しているらしい。

漁港を見ていると、アジア各国の漁業活動の一端が見えてくる。スラウェシ島北部のゴロンタロという港町では、少し日本語の話せる韓国人船長に出会った。ムロアジを巻き網* で獲り、マグロ延《はえ》縄《なわ》** 船にエサとして売るのだという。延縄船は台湾船や日本船で、獲ったマグロは日本に運ばれる。

* 魚群を長方形の網で取り巻き、徐々に狭めて袋状にし、一挙に獲る漁法。
** 船尾から縄を垂らし、エサを付けた釣り針を垂らす漁法。縄と釣り針が沈まないように浮きを付ける。

にぎやかな漁村社会
（南スラウェシ ガレソン、83年9月）

魚を牛車で運ぶ
（半島部マレーシア東海岸クアンタン、84年9月）

ソンクラ港の近くには、霞ヶ浦（茨城県）に匹敵する大きな海水湖がある。エビもたくさん獲れた。だが、湖のまわりにエビ養殖池が造成され、池から排水が流れ込む。加えて生活排水や工場排水の影響もあり、エビ漁は90年代初めに瀕死の状態になってしまった。

わたしはソンクラで活動する環境NGOの人びとに案内され、その養殖池を見て歩いた（92年11月）。状況は予想以上にひどい。養殖池のまわりの畔道は石灰で真っ白になっており、排水路には油がギトギトと浮いていた。ある漁民の家に案内され、あったかいスイカが出されたことを覚えている。この漁民は魚もエビも獲れないと嘆いていた。娘は缶詰工場に働きに出ているという。その後たまたま訪れた缶詰工場では、日本向けの猫用缶詰を製造していた。

99年に訪れたのは、漁民会議に参加させてもらうためだ。周辺漁村の漁民やNGO、さらにバンコクからもNGO活動家や研究者などが参加していた。「南部漁民」というNGOの事務所が、ソンクラの町の少し西側にある。英語がほとんど通じないので往生した

カンボジアのチャム人集落（プノンペン近郊、95年3月）

マレーシア・コタキナバルにあったスールー諸島の人びとのモスク。
彼らは国境を感じさせない（87年3月）

たたき棒で魚を網に追い込む
(南スラウェシ パレパレ、84年7月)

サンゴ礁が美しい
(パプア　ビアク島東方パダイド諸島パシ島、96年2月)

けれど、所長らしきサングラスの男性と2人の女性スタッフがフォードのトラックで、ソンクラ港や周辺漁村を案内しながら話してくれた。

「最大の問題は、大型漁船による集魚灯を用いたアンチョビの漁獲が、小規模な漁民たちを圧迫していることです。それに抗する闘いが進んでいて、13県の20万世帯以上が参加しています」

初めに訪ねたのはバン・ラエというムスリムの漁村だった。貧しく汚いという印象だ。小型漁船で1時間以上、湾内や漁港を見てまわった。大型のアンチョビ集漁船が多いのに驚く。この漁村のおばさんたちは、大型集魚船の取り締まりを要求し、国会に請願行動を起こしている。タイ漁民の闘いを、わたしは初めて知った。

アンチョビはナンプラー* にしたり、干し魚にしたりして、アラブ諸国に輸出している。ひょっとして日本にも煮干しで入っているのではないかと思い、タイの輸出統計を調べたが、マレーシア向け

＊魚醤。ベトナムではヌクマム、日本ではしょっつる。

巨大な木造船をつくる
(南スラウェシ パンタイ・ビラ、83年8月)

パンタイ・ビラの夕陽(83年8月)

が多かった。ただし、マレーシア経由で日本へ輸出されているということも考えられる。

翌日、ソンクラ大学で漁民を呼んでアンチョビ漁の規制を考える会議があった。100人以上の漁民夫婦や子どもが集まり、大学や支援団体からも約30人が参加している。前日に会った漁民も何人かいた。タイ南部は当時、ムスリムによる「テロ」で紛糾していた。その背後に、社会不安を生み出す、このような大規模漁業の問題もあるのではないだろうか。

猥雑で饐《す》えた港の裏風景

パレパレは、南スラウェシ州の州都ウジュンパンダン(現マカッサル)から観光地タナ・トラジャに行く街道沿いの港町である。最初に訪れたのは1983年８月、エビの調査をしているときだった。ウジュン・パンダン(現マカッサル)とトラジャのほぼ中間点にあたるので、観光バスはここの食堂でたいてい休息する。アジア食堂と

カヌーの先端にある彫刻は、一族のシンボルマークだ（パプア タブラヌス村、94年8月）

いう中華料理屋の前にはいつも大型観光バスが停まっていて、白人トゥーリストが目につく。この食堂ではトラジャの若い娘がたくさん働いている。

港町には猥雑感の漂う、饐えたような一角があるものだが、パレパレでは見あたらない。本当はあるのかもしれないが、歩いて探すことはできなかった。

パレパレには二つの港がある。住民の小型木造船のための小さな北港と、大きな商業船が停泊できる西港だ。西港のすぐ近くに、ユシラというロスメンがある。海に張り出しているので、宿の部屋から釣り糸を垂れることができる。

売春宿に連れていかれる

サムラキ（インドネシア東部タニンバル諸島のヤムデナ島）のハラパン・インダーというホテルも海に張り出していた。大きなテラスが海の上にあり、夕陽を眺めるには絶好の位置だ。向かい側に半島が

カヌーをつくる（パプア ビントゥニ湾ウィリアガル村、06年３月）

青い海に映える白い帆船
（マルク バチャン島、88年8月）

薪を運ぶ（タブラヌス村、01年8月）

パプア・マンブラモ河畔に移住してきた南スラウェシ出身のブギス人集落（98年8月）

オトウェリ村の船着場。この村ではエビの刺網漁（83ページ参照）をやっている
（パプア ビントゥニ湾、04年8月）

パプア・タブラスパ村は大半の家が水上家屋
（93年2月）

あり、パレパレと似ている。

東南アジア史研究者として名高いオーストラリアのアンソニー・リード*は、スラウェシのガイドブックによく執筆している。きれいで、ぜいたくな、カラーのガイドブックだ（*Sulawesi*（*The Celebes*）, 1990）。パレパレの案内はリードが書いている。

「パレパレ（人口８万6000人）はさほど長い歴史のある町ではない。以前はスッパ王国の一部であった。スッパ王国は、この地方の歴史で重要な役割を果たしている。ポルトガル人によれば、スッパ王と数人の家来たちは1543年にキリスト教に改宗したという。これはマカッサルにイスラームが広まる60年以上も前のことである」

パレパレにあるホテル（ロスメン）のメス・ガンダリアの案内にも、面白い記述があった。

「このホテルの経営者ハジ・ザイヌディンは、王族が以前に使っていた儀礼品、装飾品、婚礼衣装などのかなり価値あるコレクショ

＊主著は『大航海時代の東南アジア（Ⅰ、Ⅱ）』平野秀秋訳、法政大学出版局、2002年。

鏡のようなサンゴ礁の海をダブル・アウトリガー船が進む(パプア パダイド諸島、04年8月)

子どももカヌーを操る(タブラスパ村、04年8月)

ンの保有者だ。これらの品を泊まり客に見せることに、彼は無上の喜びを感じている」

わたしたちは1983年８月に、このメス・ガンダリアに泊まった。そのとき、リードのいうように、ザイヌディンさんに「無上の喜び」を献上できた。彼は何と14回もメッカ(マッカ)に巡礼している。巡礼14回のレコーダーは、ざらにはいないだろう。

メス・ガンダリアには実際、さまざまなコレクションがあった。珍しく４階建ての清潔なロスメンで、４階がコレクション・ルームである。印象的だったのは陶器コレクション。ザイヌディンさんは中年のなかなかの美形で、とりわけ男性に対しては接触するがごとく、にこやかにコレクションの意義を説明してくれる。わたしたちはあまり触られるのを好まなかったので、翌年７月にパレパレへ行ったときは、ガンダリアには泊まらず、前述のユシラに泊まった。

サムラキに立ち寄ったのは、ババル島という小さな島で起きた日本軍による住民虐殺を調べに行く途中だ。町はずれに小さな食堂が

世界最大級のマングローブ林（パプア　ビントゥニ湾、06年9月）

踊りの大会を控えて稽古中（パプア　デパプレ、04年8月）

村の伝統的な集会場。車座になって評議する（デパプレ、04年8月）

サゴヤシが暮らしを支える（左は南スラウェシ ブルクンバ、83年8月　右はパプア マンブラモ河、98年8月）

あった。その女主人は88年に、中ジャワ州の州都スマランの西に位置するクンダルから出てきたという。亭主が女をつくったので、離婚したそうだ。子どもは残したままである。上の子はすでに銀行に勤めているが、まだ小学生の子どももいるという。

コーヒーを頼み、「暑い、暑い」と言っていると、「奥の海のほうに行け」と言って、「チェウェ（女の子）がたくさんいるが、いいか」と訊くので、「かまわない」と答えた。

行ってみてびっくり。海に張り出した売春宿だった。10部屋が向かい合わせで並び、女性が部屋に一人ずついる。部屋代は月に10万ルピア、「買春代」は１回２万2000～５万ルピアだという。これは92年９月のことである。当時、１ドル122円、約2000ルピアだった。ということは、ここの「買春代」は１回1300～3000円。現地の物価を考えると、はたして高いのか安いのか。

眼鏡のおばさん、太った姉さん、やや若い娘、そして飛行機でいっしょだった人形を抱いていた女……。すべてジャワから来た女性

パレパレの浜辺を走るサンデ船(83年7月)

で、子もちだという。コーヒー屋は表の商売、裏が売春宿という仕組みなのだ。それにしても、なぜこんなところに平然と案内されたのかよくわからない。わたし一人ではなく、連れ合いともどもなのだから。こんなことが港町にはよくある。

美しい漁船がいっぱい

パレパレの向かい側にある半島の突端ウジュン・レロには、素晴らしいダブル・アウトリガーの舟があった。港の脇の浜辺からモーターボートをチャーターして、パレパレ湾を横切った。静かな湾には、たくさんのバガン(やぐら式敷網、94ページ参照)が仕掛けてある。ダブル・アウトリガー船、小さなカヌー、ポンポン船が、湾内を縦に横に走っている。

ウジュン・レロの港の埠頭は小さいけれど、活気あるマンダル人*の市場やナマリ節の工場がある。港のそばの浜には、真っ白な船体

*スラウェシ島のパレパレより北に住む人びと。

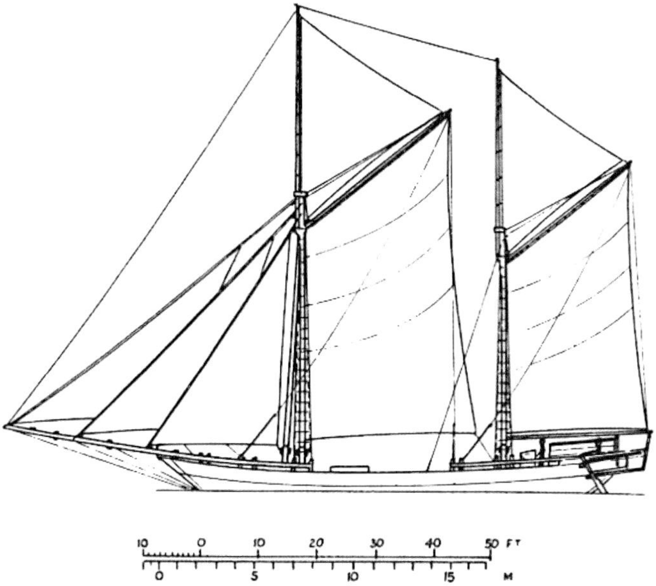

ピニシ船(Hawkins, Clifford W., *Praus of Indonesia*, 1982)

に高い一本マストのダブル・アウトリガーのサンデ船が浜狭しと並んでいた。こんなきれいな漁船は、世界中探してもあまりないだろう。もっと大きな、1tぐらいのトビウオ漁の漁船もある。

サンデ船はしだいに世に知られるようになった。いまでは年1回パレパレで、サンデ船レースがあったり、若きインドネシア(マンダル人)の民俗学者リドワンさんが本を書いたりしている。

インドネシアの港には、まだまだ木造の船がたくさんある。小さな漁民の使うダブル・アウトリガー船やシングル・アウトリガー船もあれば、長大なカヌーもある。有名なのはピニシと呼ばれる木造で2本マストの大型帆船である(イラスト参照)。南スラウェシのビラ海岸には、このピニシを造る船大工が健在だ。

港から見える暮らしと権力

パレパレに限らず、インドネシアの海辺の大都市は、いずれも大きな港をもっている。そして、多くは近代的な港と伝統的な港(旧

インドネシア最東南端の町の漁民一家
(パプア　メラウケ、02年8月)

ジャカルタ漁港にあがったマグロ。住民にはアラしか残されていない(90年8月)

港)に分かれ、双方がそれぞれの機能を果たしている。近代港は大きな倉庫を備えている場合も多い。こうした港にはやや入りにくい。ゲートで誰何《すいか》され、用もないとわかると、しばしば入れてもらえない。それにひきかえ、旧港はだいたい開放的だ。マカッサルのポーテレ港にもゲートはあるが、船客を装えばいとも簡単に入れる。ただし、旧港への交通アクセスは普通きわめて悪い。

なかでもジャカルタのパサール・イカン(旧港)への悪路には、辟《へき》易《えき》させられる。日本のODAでジャカルタ北部にムアラ・バル漁港ができているが、ここに行くのもかなりの悪路だった。ときには、洪水で車がストップする。ポーテレ港も事情は同じで、ベチャも四苦八苦するほどの道だ。それでも、旧港への道は港に近づけば近づくほど小さな食堂や漁具・釣具店、そして屋台が並び、面白い。船道具屋や釣り道具屋が多い。

ジャカルタにはタンジュンプリオク港がある。いまは巨大な港で、あたりもすっかり近代的な風景に変わってしまった。わたしが

ピナン(ビンロウジュ)を運ぶ少年。犬が一列になって寝そべる(マルク諸島ハルク島ハルク村、95年8月)

イワシを干す(アチェ ロスマウェ、05年3月)

ウニおこわとジャックフルーツ。思ったほどは美味しくなかった(マレーシア サバ、96年9月)

カツオの生節を売る(アンボン、86年3月)

一漁終えて、にっこり（東南スラウェシ ムナ島、83年1月）

初めてこの港の近くに行ったのは1975年1月31日だ。港の埠頭や倉庫など主要港湾施設の外側はかなり汚いが、シーフード・レストランはすさまじく美味しかった。もちろん冷房はない。汚い屋台のような食堂が軒を連ね、獲れ立てのエビ、カニ、カキ、赤貝などをそのまま調理していた。ハエがわっとたかり、モノ売りのしつこさはもっとすごかった。密輸品もやたらに多い。港特有のいかがわしさがプンプンと漂っていた。ここでとりわけ美味しかった店は、その後ジャカルタの市街地に大きな店を出し、やはり流行っていた。

食べ物ついでにいうと、西ジャワのチレボン港の外側にあった屋台のシーフード・レストランは美味しくて、カニとフカヒレのスープが驚くほど安かった。スマランにもこうした屋台があったが、いまはどうなっているのだろうか。スマランでは、カエル料理の屋台に連れていかれたことがある。オタマジャクシを羊羹のように固めたものが出てきて、びっくりした。まずくはなかったが、美味しいとも思わなかった。油で揚げたカエルの足とご飯だけを昼飯にする

ヤシの採取を禁じるサシの標識
(アル諸島ルトゥール村、88年8月)

太鼓を叩き、サシの開始を告げる
(パプア デパプレ、04年8月)

のは、たまにはいいかもしれないが、常食にはちょっと無理である。

インドネシアは資源大国だから、資源積み出し用の港が各地にある。こうした港には、わたしたちは日常的には近づけない。スマトラ島ではアルン天然ガスのためのロスマウェ港、アサハン・アルミのためのクアラ・タンジュン埠頭、ミナス石油のためのドゥマイ港やパレンバン港(川の港)、東カリマンタンには石油のバリクパパン港などがある。こうした港は外界とは遮断され、秘密基地のような趣きだ。ドゥマイの精油所と港は93年８月に海側から観察できたが、その巨大さには眼を奪われた。インドネシアの富と権力の源泉を港から見ることができる。

バウバウ港に往時を偲ぶ

最後にもう一つ港にふれておきたい。ブトン島にあり、スラウェシ島とマルク諸島を結ぶ交易の要衝バウバウ港だ。いまはマカッサルやケンダリと結ぶ空路があるから、けっこう便利になった。それ

ヤシの浜辺をカヌーで行く子どもたち（ビアク パダイド諸島、04年8月）

でも、マカッサルとマルク諸島の間を船で旅しようと思えば、必ずバウバウに立ち寄る。かつてはブトン王国の王都でもあった。

バウバウは落ちついた港町で、船会社の小さな事務所がたくさんある。それぞれの会社が連絡船をもっており、町を一めぐりすると、どんな船がいつどこに向けて出航するかわかる。といっても、それだけでは十分でない。沖合に停泊中の連絡船が見える浜で最終確認しなければならない。

84年のエビ調査の旅でスラウェシ島の南東に連なる鍛冶屋諸島のワンギワンギ島に行こうとしたときは、最後まで出航情報がわからなかった。リュックを背負って浜をうろうろしていると、沖合の船が出航すると子どもたちが教えてくれて、あわてて乗りこんだ。子どもたちの情報がかなりあてになることもわかった。

少し町はずれに魚のいちばがある。ここは浜で、沖合の漁船から直接魚が運ばれてくる。サメ、カツオ、アジ、イワシ、カジキ、シャコなど魚種は豊富だ。パプアから来たという青年にも会った。西

サシ（禁漁）の標識を海に立てる
（パプア デパプレ、04年8月）

ロンパ（イワシ）のサシを行う
（ハルク島ハルク村、95年8月）

と東の交差点のようなバウバウからは、資源積み出し港には見られない、島の人びとが行き来する姿が見えてくる。このあたりの歴史は、ジャワなどに比べると記述が少ない。先のリードの書いているガイドブックには、次のように書かれている。

「1540年、ブトンの６代目の統治者がイスラームに改宗し、最初のスルタンになった。ウォリオのイスラーム統治者・スルタンは人びとから神の化身と見られ、国の繁栄に責任をもたされ、災禍が国を襲ったときには退位しなければならない。最盛期のブトン・スルタン国は４つの家臣国家、すなわちムナ、ティウォロ（ムナの北側）、カリンスス（ブトンの北側）、カレドゥパ（鍛冶屋諸島の一つ）を配下に置いていた。このスルタン国家は、オランダ東インド会社の1613年の記録に登場している。ブトンは独立を守るために、マカッサル王国やテルナテ王国の膨張政策と闘った。かつてブトンはテルナテ王国の配下にあったこともある。マカッサル王国が1669年にオランダに敗退すると、ブトンもオランダの配下に置かれた。これはブ

バウバウの王宮を囲む城壁(84年7月)

トンの交易業者を部分的に保護することにもなったのだが、オランダは香料貿易を独占し、ブトンの交易業者を排除した。……1960年に最後の38代目のスルタンが亡くなったが、その子孫はまだクラトン(王宮)の中に住んでいる」

丘の上にあるスルタンの屋敷と3㎞ものベンテン(城壁)が、往時を偲ばせる。ベンテンは二重になっている。スルタンの館は4階建て。博物館でもあり、ブトン王国にまつわるさまざまなものが展示されている。広大な敷地内には東インドネシアではもっとも古いモスクもあり、老ムスリムが白頭巾、白のローブで詣でる様は、往時そのものである。

城壁から見おろすブトン水道がまた素晴らしい。水道を見下ろす古城、古い大砲、大きな鉄の錨《いかり》、モスク。そして、帆船が水道を往く。インドネシアは、いまでこそジャカルタ中心の中央集権国家であるが、歴史をさかのぼると、そんな集権国家とは違う姿が見えてくる。

カンゲアン諸島のイスラーム寄宿塾(01年12月)

乾いた大地(カンゲアン諸島、94年8月)

スマトラ島沖地震・津波で破壊
されたバンダ・アチェ（05年3月）

津波に襲われたコレム
（パプア　ビアク島、96年3月）

津波後にインドネシア民主化支援ネットワーク
（NINDJA）から支援された網でエビ漁に出る漁民
（北アチェ、05年3月）

津波後に建てられた家には「TSUNAMI」の文字が
（北アチェ、05年3月）

国家・国軍・国境を考える

総選挙のための党旗の乱立(南スラウェシ、04年3月)

スマトラ島沖地震・津波ですべてが流れ去ったバンダ・アチェ（05年3月）

支援を拒む政府

ビルマのサイクロン被害のニュースが伝わってきた。2008年5月12日の国連人道問題調整事務所（OCHA）の推計によると、死者・行方不明者約14万人、被災者数約240万人、被災家屋数48万5320戸。すさまじい被害である。ところが、ビルマ軍政府は外国援助について、物資は受け入れるものの、人が入ってくることをかたくなに拒んだ。

04年12月末のスマトラ島沖地震・津波の死者は約23万人だ。このとき最大の被災地だったインドネシアのアチェでは、国軍と独立を求める自由アチェ運動（GAM）が闘っており、非常事態が布かれていた。インドネシア政府・国軍も当初、津波の被害の大きさにもかかわらず、外国からの支援を拒んだ。それでも、あまりに救援の声が大きくなったため、門戸を開かざるを得なくなった。

こうしたビルマ軍政府やインドネシア政府の態度を見ると、怒り

国際支援が入り始めたアチェ
(ロッ・ンガ05年3月)

Hp. 08126915052
Bakar Hp. 0266210832 Sukabumi
Hp. 08126016315 Belawan

- RINA (Mama) HP. 085260101500
- HUSAINI Telp. (0651) 26877
Alamat: KISEL, Jl. T. Hasan Dek
No. 3 Jambo Tape Banda Aceh

adek Moli pulang
melihat atau mer
HUB: HP. 0852
batupat barat Ih

DICARI

RINA FARIZAWATI (12TH)
Saat kejadian Komplek Perumahan Cipta Alam Indah Lagoina (Lamjame)
Bagi siapa yang menemukan atau mengetahui keberadaannya mohon menghubungi kami:
RATNA JUWITA
Hp. 085260090072

DICARI

SALMIATI (5TH)
Anak dari Mustafa Kamal/ Khatijah, Keduanya masih hidup. Saat kejadian berada di Desa Paya Baro Teunom Aceh Jaya. Bagi yang mengetahui keberadaan, mohon hubungi alamat: NENEK Jl. T. Umar Lor SGD/Goheng No. 14 Setui B. Aceh
Dahlan Hp. 081360191380
Helmi Hp. 085260098081

1. YUSRIANA (28
2. M. REZA FADILL
Sewaktu musibah di Punge
Bagi yang mengetahui moh
ASMADI, HP. 081360
FAISAL, HP. 0813601

DICARI

DICARI

津波後の新聞の尋ね人欄(アチェ、05年3月)

が沸き、哀しみがおそってくる。国家や軍とは何なのだろうか。かつてのアジア太平洋戦争でも、日本国家は国民を本当に守ったのか。「大東亜共栄圏」といいながら、アジアの人びとととともに生きようとしていたのか。あらためて国家や軍について考えてみた。

朝鮮人軍属とジャワの「アンネ・フランク」

1975年11月、西ジャワのガルート英雄墓地で、3人の旧日本兵がインドネシア独立英雄として再埋葬された。うち1人は朝鮮人軍属の梁七星《ヤンチルソン》(日本名梁川七星、インドネシア名コマルディン)だった。彼はジャワ俘虜収容所の監視員として、日本支配下の朝鮮からジャワ島に送り出された。日本の敗戦後、何人かの日本兵とともに軍を離脱。新生インドネシア軍に加わってオランダ軍とのゲリラ戦に参加し、捕えられて処刑された。民衆墓地に埋葬されたが、その後、英雄墓地に移されることになったのである。

再埋葬の儀式に立ち会ったわたしは、梁川七星が朝鮮人だと日本

インドネシア独立英雄になった梁七星（コマルディン）の墓（西ジャワ ガルート、75年11月）

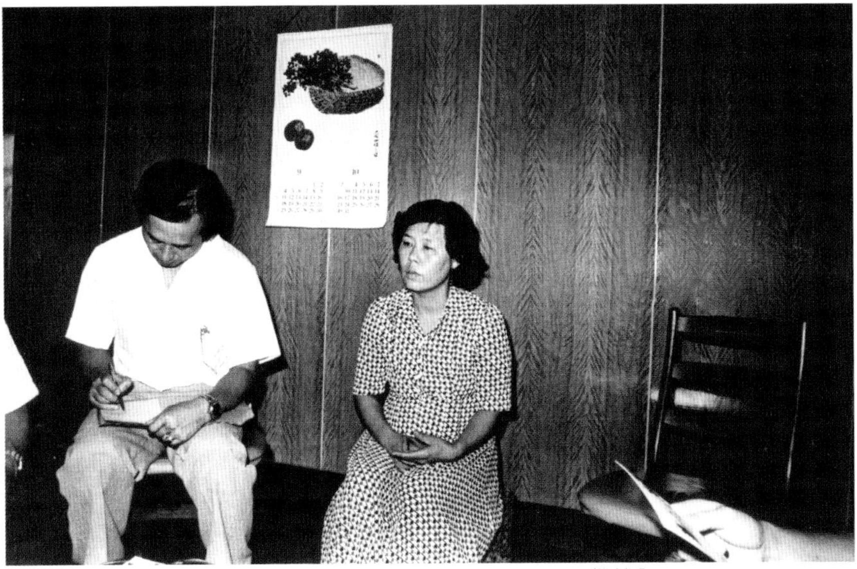

行方知らずの兄・梁七星の帰還を待ちわびた妹・梁《ヤン》南《ナム》守《ス》さん。
お母さんはとうに他界していた（全州市、78年9月）

大使館員から知らされた。偶然の出会いであったが、この後ずっと「梁七星」問題がわたしのなかで気になっていく。後に、梁といっしょにゲリラ戦に参加していたインドネシア人の遺族をバンドゥンで探し当てた。その話では、ゲリラ戦に参加した朝鮮人は梁一人ではなかったという。城山、赤城、松本などの名前が出てきた。城山は李《イ》鍾《ジョン》烈《ニョル》、赤城は禹《ウ》鍾《ジョン》洙《ス》、松本は李《イ》吉《ギル》童《ドン》とわかったのは、2008年になってからである。

77年にインドネシア留学から帰った後、梁の故郷を探し、78年に訪問した。韓国南西部の全州《チョンジュ》市（全羅北道）に住む妹さんを訪ねると、彼女は涙と怒りに身を震わせて言った。

「30年以上、何も知らされなかった。なぜ、いまごろになって…」

わたしには返す言葉もなかった。母親は息子の帰りを待って、全州駅に着く復員列車を毎日迎えに行っていたという。帰らぬ息子を待ちわびる母は、日本だけではなかったのである。

オランダのアムステルダムで「アンネ・フランクの家」に行った

オランダ人抑留者の墓地（中ジャワ スマラン、94年8月）

ことがある。ナチスから隠れて暮らすアンネの話は、多くの日本人が知っている。だが、アンネのように抑留所に閉じこめられて生きてきたジャワのアンネ・フランクたちについて知っている人は少ない。かつて日本軍が占領していた東南アジアには、連合国軍人や市民の墓地が各地にある。

これらの墓地はイギリスやオランダなど各国の政府が管理しており、手入れが行き届いている。海外に送り出された英連邦軍の兵士の遺骨は、本国に持ち帰られていない。死亡した地域の墓地に埋葬されている。日本、シンガポール、タイ、インドネシアなど各地でその墓を見たが、どこもきれいな芝生に銅板のプレートが整然と並び、中央に白い大きな十字架が立っている。

インドネシアにあるオランダ人墓地には、英連邦墓地がたいていは銅板プレートであるのに対し、木の十字架が建てられている。中部ジャワ州スマランの墓地には、名前・生年月日・死亡年月日が書かれた白い十字架がきれいに並ぶ。多くは日本軍の抑留所で亡くな

オランダ人抑留者の墓地にある少年像
(中ジャワ　スマラン、94年8月)

った女性や子どもたちの墓だ。子どもの十字架は小さい。3095人の十字架の数に圧倒された。

死者を数でのみ表現してはならない。一人ひとりの死に人生があり、ドラマがある。それを教えるのが、名前の刻まれた十字架群であり、銅板プレートである。墓地の一角には抑留所の母子像と、強制労働に駆り立てられた鍬を担いだ骸骨のような少年像が立っていた。

各地に残る日本軍の蛮行

アジアで多くの「戦争」に出会う。映画『南の島に雪が降る』(加東大介主演)で知られるパプアのマノクワリには、厚生省(当時)が建立した慰霊碑がある。飢えと病気で無数の日本兵が死んだ。加東が演じる加東軍曹らがつくったマノクワリ歌舞伎座で、雪が舞台に舞うシーンを見て息を引き取った兵もいたという。

わたしは2006年３月、マノクワリのグヌン・メジャという海を

タイに置き去りにされた元インドネシア人ロームシャ
（タイ カンチャナブリ奥地、95年3月）

望む小高い丘にある慰霊碑を訪れた。金属製の碑文は無残にもはがされ、タイルも部分的に壊されていた。赤いペンキで落書きがされている。

ジャワ島からロームシャとして泰緬《たいめん》鉄道（第二次世界大戦中にタイとビルマを結ぶために建築された鉄道）の現場に連れて行かれたジャワ人にも会った。1995年３月のことである。彼は、泰緬鉄道の起点のカンチャナブリ（タイ）から山中に入った村に住んでいた。戦後、放り出されたまま帰れないという。やせ細ったその老人は、すでにインドネシア語を忘れかけていたが、話しているうちに少しずつ単語を思い出していった。

ジャワ、シンガポール、マレーシアなどから集められ、泰緬鉄道の建設現場で働かされたロームシャは、10万人を超える。当時、強制労働に駆り出された労働者をロームシャと呼び、このことばはインドネシアではそのままいまも残っている。ロームシャには食べ物すらろくに出されなかった。アジア人が何人亡くなったのか、鉄

まも走る泰緬鉄道(カンチャナブリ、91年3月)

泰緬鉄道の建設で命を失った捕虜たちを埋葬した英連邦墓地(カンチャナブリ、95年3月)

道隊にも正確な記録がない。餓死、病死、怪我、そして逃亡もある。ロームシャの墓穴を掘ったという元オーストラリア人捕虜にキャンベラで会った。ロームシャだけでなく、連合国軍人の捕虜も5万5000～6万人が動員され、約1万3000人が亡くなっている。墓を深く掘る体力がないため、遺体の足が地面にはみ出して、犬に食われたのは、マルクのハルク島で死亡した捕虜である。

カンチャナブリに英連邦墓地と、日本がつくった慰霊塔がある。だが、ロームシャの碑はない。わずかに日本の慰霊塔を取り囲むように、アジア各国の言語で書かれた石版が、ロームシャの死を悼むのみである。

わたしが見たロームシャの碑は、スマトラ島中部プカンバルの郊外にある。日本軍によるスマトラ横断鉄道の建設で犠牲になったロームシャの碑である。インドネシア人の手で78年に建立されたものだ。

ロームシャの碑
(リアウ　プカンバル郊外、93年8月)

日本軍が建設したスマトラ横断鉄道の残骸
(プカンバル、93年8月)

労働英雄　PAHLAWAN KERJA

嗚呼、民族の花よ
汝、権力者日本に連れられ
働き、働き、働いた
汝の運命は卑しめられ
ここに汝はともに眠る
己が家族も知ることもなく
名もなく、儀式もなく
汝のなせる業を民族は覚える
汝は労働英雄なり
我らは彼らに祖国を捧げる
彼ら英雄をゆるし給え

(プカンバル郊外にある労働戦士(ロームシャ)の慰霊碑の碑文)

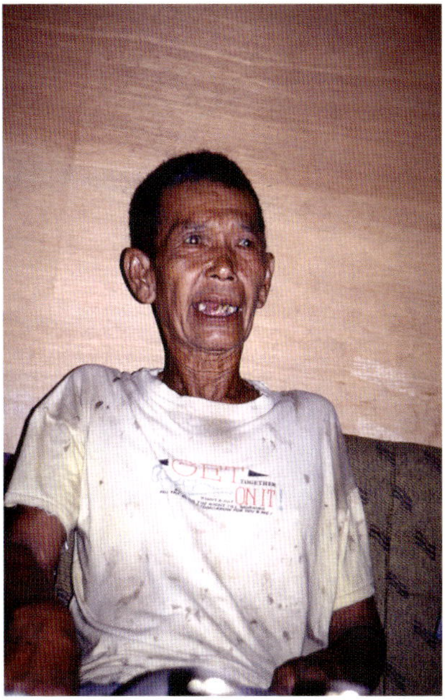

北スマトラ・メダンで出会った元ロームシャ(93年2月)

戦前の日本の歌を歌う元ロームシャ

94年８月には、マルク諸島のセラム島にある日本軍が建設した飛行場へ行った。アマハイ飛行場といって、まだ使われており、週１回アンボンと結ぶフライトがあるという。わたしはアンボンから荒波がうねるセラム海峡を小さなボートで渡り、命からがらアマハイにたどり着いた。滑走路は草むして荒れている。空港には６人の職員が働いていて、その１人が、日本軍政下で空港建設に従事したという２人の老人をわざわざ連れてきてくれた。

１人は82歳、歯が欠けた老人だ。話の内容は不明瞭だが、空港建設の苦力《クーリー》(中国語で労務者のこと)として一銭ももらわずに働かされたと言う。「見よ東海の空明けて♪」という愛国行進曲を大声で、ややいい加減に歌った。もう１人の老人は慰安所のジョンゴス(召使い)であり、コキ(コック)だった。日本語をあやふやながら話す。「赤いランタン夜霧に濡れて♪」という歌を歌ってくれたが、わた

『南の島に雪が降る』の舞台となったパプア・マノクワリの日本人慰霊碑。金属板が奪われ、落書きされている(06年3月)

いまも残る日本軍戦闘機の残骸(パプア バボ、96年3月)

しは知らない。

この老人の話によれば、ここに朝鮮人、台湾人、日本人の「慰安婦」がいた。彼が心に想っていたのは日本人のノブコという女性だったが、彼女は将校相手だった。女たちは稼ぎの半分をもっていかれたと、老人は話していた。首をはねられた苦力もいたし、食べ物がなくて死んだ苦力もいた。こんな話がアジアを歩いていると、つぎつぎに出てくる。

殺戮、破壊、略奪――東ティモールから

ススキの白銀色の穂の向こうに白い廃墟の群がある。黒と白の山羊が草をむしっている。人影はない。

首都ディリから南の山に向かう。黒雲が空を覆い、いまにも驟雨が襲ってきそうだ。ユーカリの林を抜けると草原が広がった。馬が一頭、大きな白い十字架の前でうなだれている。ここにも人っ子一人見あたらない。

東ティモール・ディリの空港に到着した自衛隊(2000年3月)。反対デモもあった

2000年3月、たった8日間の東ティモール滞在だった。インドネシア国軍と併合派民兵(以下、民兵)による殺戮、破壊、略奪から半年後である。戦闘が起きたわけではない。一方的な破壊と略奪が行われた。多くの人びとが民兵と国軍を恐れて山中や西ティモールに逃げたり、連れていかれたりした。

埃っぽい街、黒こげになった廃墟の群を予想していたが、少し違う。雨季のせいか、緑が豊かだった。廃墟といっても、黒こげではないのは、雨で煤が流されたためだろうか。とはいえ、ものの見事に破壊し尽くされている。屋根がほとんどない。家の内部は瓦礫《がれき》だらけ、家具らしきものはすべて跡形もなく消えている。ときたま破壊を免れた建物がある。「親インドネシア」の人が住んでいたのだろうか。

ディリの東数十 km と南100km ほどを移動したにすぎない。だから、すべてを見たわけではないが、ディリから離れた村々も破壊されていた。つましい村の家も焼かれている。民兵たちは、トラク

自衛隊による道路修復工事の看板
(東ティモール　マウベシ、2000年3月)

ディリのいちば。国連平和維持軍(PKF)が
目立つ(2000年3月)

ターや家具はもちろん、農具も山刀も水牛も奪っていった。それらは西ティモールに運ばれ、いちばで売られたと、村人が話していた。

戦場ではどこでも似たような破壊が起こる。そうはいっても東ティモールで展開された、インドネシア国軍による殺戮・破壊・略奪は、あまりにおぞましく、あまりに次元が低い。ごくごく普通の人びとを平然と犠牲にした。腹いせといってしまうには、念が入りすぎている。強固な独立派は殺し、独立を少しでも支えようとしていたあらゆる人びとの暮らしを破壊し、復興を徹底的に遅らせる。さらに、住民をなるべくたくさん東ティモールから追い出す。これが作戦だったのではないだろうか。

住民投票から東ティモール国際軍(INTERFET)受け入れまでの約３週間、島は徹底的に破壊された。海外亡命から戻った人のなかには、インドネシア国軍や民兵の破壊や略奪の背景を理解する人もいたが、ほとんどの人びとは途方に暮れる以外になかった。このような哀しい国の独立は、どこかほかにあっただろうか。

先住民（ダヤク人）との紛争で避
難民となったマドゥラ人移住民
（西カリマンタン　ポンティアナク、02年3月）

キリスト教徒とムスリムの紛争で避難民となった
（マルク諸島アンボン、06年3月）

1999年８月30日、東ティモールでは住民投票が実施された。インドネシア政府が提示する特別自治を受け入れるか否かの選択である。約80％の住民はインドネシアからの離脱、つまり東ティモールの主権回復（独立）を選択した。

住民投票の直後、インドネシア国軍筋から、これから20万人の「難民」が出るという情報を聞いた。そのときは、独立を達成したのになぜ？と思った。だが、国軍は民兵の力を借りて20万人の難民をつくり出す作戦だったのだ。国軍は治安の責任をもつと言い続け、国際社会とインドネシア社会を徹底的に欺き通した。民兵が暴走しているように見せながら、背後で作戦を展開していたのは、明らかにインドネシア国軍である。国の承認と関与がなければ、これほど「見事な」破壊も略奪もできない。

インドネシア国軍司令官ウィラントは改革派の顔を装い、東ティモールにいる傘下の地域軍や特殊部隊や陸軍戦略予備軍が暴走しているかのように演出していた。当時わたしは、ウィラントによるハ

インドネシアからの独立を求めて闘った自由アチェ運動(GAM)の旗と、国軍による軍事作戦で夫を失った寡婦たち(北アチェ、99年8月)

至るところにペンキで「アチェ独立」(北アチェ、99年8月)

ビビ大統領に対するクーデターのようなものと思っていたが、これは国軍の明確な意図をもった作戦であり、犯罪であるとの印象を強くした。軍は暴走する。かつての日本もそうであったように……。

和解以前に事実の究明を

2000年３月26日、東ティモール南部ベタノの砂浜の海岸に、大きなバージ船*が着いた。国連東ティモール暫定統治機構(UNTAET)が雇ったインドネシア船である。ベタノやサメなど近郊の町や村から、多くの人びとが集まってきた。午前９時だというのに、光を遮る何ものもない砂浜は暑い。国連平和維持軍(PKF)の青ベレーの兵士が、バージ船と基地の間の砂浜に通路らしきものをつくり、警戒に当たっている。

わたしたちは西ティモールから避難民が帰還すると聞いていた。トラックが何台かバージ船に積まれている。避難民たちの持ち込も

＊貨物搭載用で、はしけ(バージ)を有する船。

インドネシア民主党本部にたてこもるメガワティ支持者。この
２日後、治安当局によって排除された（ジャカルタ、96年7月）

治安部隊によるインドネシア民主党襲撃事件後の暴動で、
焼き討ちにされた輸出入銀行（ジャカルタ、96年7月）

歴代大統領たちの肖像写真（ジャカルタ、04年8月）

独立記念式典で規律正しく行進する
（リアウ　ビンタン島、93年8月）

うとしている物資を運ぶのだろうか。

２人の男が裸足で船から下りてきた。青ベレーが警護している。人びとから一瞬、歓声が湧き、拍手も起こった。

と思ったのも束の間、人びとは２人の男に罵声を浴びせ始めた。ただの避難民ではなく、民兵だったのだ。まず民兵が降ろされたようだ。迎えの住民は民兵をすべて見分け、罵声が飛び交う。「紅白旗（インドネシアの国旗）を持ってこないのか！」などと叫ぶ者もいる。それでも、石やモノは飛ばない。つかみかかる者もいない。

民兵たちは、これからどうするのだろうか。殺戮と破壊と略奪に荷担してきた人びとである。といっても、最末端では、強制された、カネに釣られた、麻薬を打たれて（飲まされて）暴行に加わった、という者も多くいたといわれている。人びとはそうした事情を知っているから、闇雲な復讐劇がすぐに起きることはないだろう。

問題は、インドネシア国軍と、それに積極的に荷担してきた民兵組織の幹部であろう。東ティモールの初代大統領になったシャナ

マルク紛争で焼かれた家（ハルク島、06年3月）

紛争による死者の墓（アンボン、06年3月）

ナ・グスマォンは、インドネシアを許すと発言したが、それですむのだろうか。わたしがきわめて不思議に思うのは、たとえば最強といわれた民兵組織の親玉だったエウリコ・グテレスが、裁判で訴えられているにもかかわらず、メガワティ率いる闘争民主党の党大会に堂々と出席できたことである。彼は、02年11月に中央ジャカルタ地裁で禁固10年の判決を受けるが、最終的に最高裁は08年４月、無罪判決を下した。

けっして復讐を勧めたいわけではない。しかし、過去の犯罪を犯罪として裁かないと、同じことが何度でも起きる。インドネシア共産党とそのシンパ100万人以上を虐殺した「65年９月30日事件」も、インドネシア国軍が中心的に犯した犯罪であることは、今日では明々白々である。にもかかわらず、殺した側が逮捕され、裁かれたという話は聞いていない。スハルト体制は発足のときから、こうした殺戮の歴史の上に成り立ってきている。日本を含めた国際社会は、その犯罪をほとんど問題にしてこなかった。

キリスト教徒とムスリムが争った中スラウェシ・ポソの国軍駐屯地。
「MAKE LOVE NOT WAR」という不思議な標語が掲げられていた（02年3月）

紛争で焼かれた店の名は「AMAN ＝安全」
（ポソ、02年3月）

キリスト教徒とムスリムの和解を呼びかける「われら、みな兄弟」（ポソ、02年3月）

熱の入った総選挙キャンペーン（南スラウェシ、04年3月）

東ティモールにおけるインドネシア国軍と民兵の犯罪は、スハルト体制の犯罪である。そして、スハルト体制を許容した国際社会の犯罪でもある。コソボやイラクのように重爆撃を加え、ミサイルを撃ち込んでいたら、ジャカルタは廃墟と化していただろう。住民が巻きぞえになるようなそんな爆撃をしろと言っているのではない。体制や軍による明々白々の犯罪を起こさせないことが大事であることは誰でもわかっている。しかし、国家や軍を前に、市民の連帯運動はさほど強力な働きをしてこなかった。市民である前に“国民”という規定にとらわれるという弱点が、そこにはあるのではないだろうか。

何があったのか、事実を徹底的に究明し、責任の所在を明らかにすること。それなくして和解（レコンシリエーション）とか平和構築と言うのは、問題の追及をはぐらかす。和解以前に事実の究明を！わたしはそう思っている。

「ピープルズ・パワー」のIDカードを
持つスールー諸島の少年(87年3月)

米軍基地のあったフィリピン・スービックのいま
(06年12月)

国境を越えた交流

東南アジアを旅すると、日本軍の影がいつまでも、どこにでもついてまわる。さらに現在は、それぞれの国家とその軍が君臨する。すでに述べたように、インドネシアでは、とくに軍の影が濃い。タイはクーデターのたびに王と軍が登場する。フィリピンもやたらに軍が出てくる。軍は国家を守る、国境をガードするというが、本当なのだろうか。

フィリピンは1986年２月、ピープルズ・パワーが炸裂し、当時のマルコス大統領をハワイに逃亡させた。そして、アキノの時代が訪れる。人びとは大きな期待をもった。軍が戒厳令など布かない国になることを期待したのである。

翌87年３月、フィリピン最南端のスールー諸島まで旅をした。海の民サマの人びとが住むところに行ってみたかったのである。『フィリピン漂海民——月とナマコと珊瑚礁』(門田修著、河出書房新社、

パプア独立をめざすパプア大会議でのデモを率いるセイス・エルワイ（パプア独立評議会議長）。01年11月、特殊部隊に殺害された（パプア ジャヤプラ、2000年6月）

パプア大会議にはコテカ（ペニス・ケース）部隊も登場（2000年6月）

1986年）を頼りに出かけた。「海賊の巣窟」と言われている海域である。最近では、「イスラーム・テロ」の本拠地とさえ言われている。ピープルズ・パワー革命直後で、政情はけっして不安定ではなかった。にもかかわらず、タウィタウィ島からシタンカイ島に行く船には、重装備のフィリピン軍の軍人が「護衛」と称してわたしたちについてきた。ありがた迷惑とは、こういうことだ。

プロローグでもふれたが、もともと、スールー諸島とマレーシアのサバ州との間に国境などなかった。15世紀ごろに成立したスールー王国は、ボルネオ島北部（現在のサバ州）まで支配していたのだから。

インドネシア領パプア（旧イリアン・ジャヤ州）とパプア・ニューギニアを区切るほぼ縦一直線の国境は、もっと人為的だ。2000年にパプア州の州都ジャヤプラで開催されたパプア大会議には、パプア・ニューギニアからも代表が参加して、一体感をにじませる発言をしていた。国境近くの人びとは、いまでもかなり自由に行き来してい

屋根に巨大ナマコの張形が(オーストラリア ダーウィン、87年8月)

る。2000年５月末にパプア州とパプア・ニューギニアの国境に行ってみたが、そこを警備するインドネシア国軍の兵士さえ、親せき関係の人物の往来には目をつむっていると言っていた。

ナマコを追って、オーストラリア北部のアーネムランドに行ったとき(87年８月)、海辺にタマリンドの木が繁茂していた。ブギス人たちが調味料として運んできたタマリンドがこの地に根をはったのである。アボリジニーの古老は、たしかにマレー語の単語をいくつか使っていた。ナマコ・レストランを経営するウジュン・パンダン(現マカッサル)から来た中国人とマカッサル人のダブルのインドネシア人アンディさんは、東インドネシアとアボリジニーとの間の「古き良き時代」を勉強し、ついにナマコ・レストランを開設したのである。

88年には〈オーストラリア建国200年〉が祝われた。だが、意識あるアボリジニーや白人はこの〈建国200年〉に異を唱えた。アンディさんたちは昔のナマコ船を再建して、ウジュン・パンダンか

国境を警備するフィリピン国軍(スールー諸島タウィタウィ島、87年3月)

らアーネムランドまでの船旅を企画し、それを実現させた。

ナマコを学んでいくうちに、東南アジアと大洋州の境目がなくなってしまうことに気がついた。国と国の境目も、意味をなくしてしまう。鶴見さんはよく「国境でものを見ない」「首都だけで東南アジアを考えてはいけない」と言っていた。ナマコを追いかける意味がだんだんにわかってきたのである。

海と島からなる島嶼部東南アジアでは、国境は迷惑な存在である。第二次世界大戦後、長年の植民地支配のくびきから脱することができたと喜んでいたが、そこに成立した近代国民国家の枠組みが、人びとを隔てる。国境に分断された域内で人びとは暮らさざるを得なくなっている。東南アジアだけではないだろうが、国家と国軍と国境について多くを考えさせられる。

体制を告発し続けたレンドラ率いるベンケル劇団の芝居風景
（西ジャワ バンドゥン、75年11月）

キリスト教徒の村の子どもがビン・ラデンTシャツを着ていた（パプア パダイド諸島、02年8月）

ODA—3つの現場から

左/西ジャワ サグリン・ダムの建設で立ち退かされた農民は裁判に訴えた(90年8月)
右上/コトパンジャン・ダムの建設による立ち退き後の新住居群(94年8月)
右下/史跡公園になったボロブドゥール遺跡周辺(92年8月)

裁判に訴えられた日本のODA。原告は、コトパンジャン・ダム建設で立ち退かされたスマトラ住民たち（東京、02年9月）

評価は複眼的に

日本のODA（政府開発援助）のいろいろな現場を歩いてきた。多くは、ODAで被害を受けている人びとと、その人びとを支援するNGOからの要請だったり告発だったりが、きっかけである。

ときには、こんなこともあった。2004年3月に、わたしも所属するインドネシア民主化支援ネットワーク（NINDJA）が、南スラウェシ州のビリビリ・ダム訪問ツアーを企画したときのできごとだ。その企画が公にされると、ある人たち——「心ない人」とあえて言わせてもらう——が在インドネシア日本人が中心となって運営するインターネット掲示板に、わたしの名前まで書き込んで、そのツアーを茶化した。それだけでなく、「住民をそそのかし、日本政府を訴訟させようとしている」とまで書き込まれた。

わたしたちはマカッサルのNGOから、「ビリビリ・ダムの建設によって立ち退かされる人びとがいる。立ち退きのための補償が不

立ち退きや砂の堆積が問題とされているビリビリ・ダム（南スラウェシ、04年3月）

十分だし、移転地では生活ができない」との情報を得ていた。だから、ともかく見に行こうと思い立った。それだけである。それをわざわざインターネット掲示板に批判を書き込む。外部に知られると困ることがあるのだろうか。

外務省は莫大な予算を使ってODAの事後評価を行なったり、民間モニターを派遣したりしている。外務省の情報そのままのように見受けられる評価もあれば、独自の視点で書かれたものもある。一方で、一民間人が自発的に調査に行って悪い道理はない。みんなの目にさらし、みんなの評価を受ける。これは、ODA行政にとって大事だとわたしは思っている。政府のお膳立てした現場だけを歩き、彼らの提供した資料だけを読んでいては、正しい評価はできない。なぜなら、よいことずくめのことしか見せられないし、書かれていないからである。その典型のような提灯記事を書いた著名な研究者も、かつていた。

物事には必ず陰の面がある。ODAの実施によって被害を受けて

日本と世界銀行の融資によって建設されたクドゥンオンボ・ダム
(中ジャワ ソロの北方、07年7月)

いる人の存在を視野に入れ、彼らへの聞き取りや情報をも勘案しての総合判断が不可欠だ。複眼で見る、双方から意見を聞く。それは物事を判断するときの基本ではないのか。政府提供の旅をしてきた人や先のサイトの「心ない人」は、そうした判断ができていない。そうした人たちの評価は単なる視察のアリバイ証明にすぎず、政府にも役立たないだろう。何よりもわたしたちの税金が活かされない。ときには税金が兇器に変わる。

当然だが、よいODAもあるし、これは大問題だというODAもあるだろう。ODAの事業の完了後に、相手国が十分な手当をしない場合もあるだろう。それらすべてをさらけ出すことによってしか、よいODAに向けての改善は望めないと思う。ここでは3つの現場のことを述べてみたい。

暮らしと生態系への大きな影響をもたらしたシーナカリン・ダム

日本には、たとえば「裕仁《ひろひと》水力発電所」とか「昭仁《あきひと》ダム」のよう

ダム建設による立ち退きを記念した像。一家はスマトラの新天地をめざす
（中ジャワ ウォノギリ、09年2月）

に、天皇の名前をつけた発電所やダムはない。畏れ多いのかもしれない。一方タイには、国王の名を冠した「プミポン水力発電所」とか、皇太后の名を冠した「シーナカリン・ダム」がある。この皇太后は日本のODAと縁が深い。

JBIC（国際協力銀行）の情報誌『Global Eye』（2003年合併号）に、貝野久美子さんという関西の多言語FMラジオ局COCOLOの編成者が寄稿している。題して「タイで見た円借款プロジェクトの『顔』」。JBICがゴールデン・トライアングル*で観光プロジェクトを実施していることがわかる。彼女は次のように書いている。

「この一大事業（国をあげての観光開発：引用者）の中心を担っているのが、ドイ・トゥン山地の観光開発プロジェクトだ。ここには、プミポン国王の母君である故シーナカリン皇太后のお住まいや庭園があって、円借款によりトイレや展望台、遊歩道などの建設や庭園の

＊タイ、ビルマ、ラオスの山岳地帯で、世界最大の麻薬・覚醒剤密造地帯といわれたが、現在は観光開発の対象となっている。

コトパンジャン・ダムの建設で立ち退かされた住民の新入植地。
約束されたゴムの木の植樹はなかった(西スマトラ、93年8月)

手入れなどが施された。すでにチェンライから行ける人気観光スポットとなっているが、新たに円借款による皇太后の記念館も完成し、さらなる集客が期待されている」

貝野さんによると、これは皇太后が提唱した山岳民族支援プロジェクト(ケシ栽培を止めさせ、ナッツの有機栽培や森林開発などを行う)の一環らしい。この観光開発プロジェクトの当否はおいておく。問題はシーナカリン・ダムである。

皇太后陛下の名を冠したこのダムは、もとはクワイヤ(クウェー・ヤイ、いわゆるクワイ川)第1水力発電所と呼ばれていたようだ。そのことは、シーナカリン・ダムを請け負った電源開発の会社事業案内に書いてある。日本の円借款(OECF)と世界銀行との協調融資だったといわれているが、実ははっきりしていない。1967年ないし68年に、建設が決まっている。皇太后の名を冠したダムが下流域に大きな負の影響を及ぼすとは、当時は予測していなかったようだ。

わたしは77年にこのダムへ行ったが、まだODAへの関心があ

サグリン・ダムの建設で立ち退かされ、バンドゥン地裁に訴えた住民たち。最高裁で敗訴が決定した（西ジャワ　バンドゥン南部、90年8月）

まりなく、観光地になった巨大ダムとしか見ていなかった。その後、日本のODAについて、援助を受けた国の市民団体や住民から、さまざまな批判が寄せられる。また、フィリピンのマルコス政権時のODA汚職も問題にされた。そこで、監視のための市民団体をつくったり、援助の現場をしばしば訪れたりするようになった。

シーナカリン・ダムを再び訪れたのは98年4月末、アジア太平洋資料センター調査団の一員としてである。ダム湖の面積1万880 km^2、発電量12億kW、灌漑面積140万ライ（224万4000ha）。同行したデイト・プムカチャ（当時はタイ・ボランティア・サービス（TVS）代表）が、ダム湖畔に掲げられている説明文を翻訳してくれた。

「この多目的ダムはタイの最初の大きなダム建設であり、タイ経済開発計画の出発点である。次世代においてこのダムは国民の生命を維持するのに必要とされる。電力と水はわたしたちの生活を向上させるのに必要である」

だが、この巨大ダムは、わたしがこの間つきあいを深めてきたメ

メークロン川開発の影響について訴えるデイト(01年8月)

ークロン川下流域の人びとの暮らしを大きく変えた。彼らとの出会いのきっかけは、アジア太平洋資料センターによる民衆交流プロジェクトだ。当初はエビ養殖に関心をもっていたのだが、このメークロン川下流域の人びとの暮らしを考えるには、上流域のダムや工場廃水の問題もかかわりがあるため、流域全体を考える必要があることがわかってきた。そこで、タイの人びとと ともに調査をすることになったのである。

わたしたちは、デイトが故郷のアンパワ郡バンナンリー村につくったゲストハウス兼環境教育の場で村人たちの話を聞いた。一人は、アンパワ郡商工会議所会頭を務め、エビ養殖を手がけたが失敗し、いまは熱烈な郷土史家のシラウェイ・スラチプさん。もう一人は、環境問題に取り組み、郷土研究者でもある元公務員のタネットさん。お二人の話を聞いているうち「ダムとエビのサンドイッチ」という想念が湧いてきた。

メークロン川河口地域は、淡水と海水がせめぎ合う汽水域マング

シーナカリン・ダム下流域のマングローブ地帯(03年8月)

ローブ地帯だ。人びとの暮らしは長い間、上流から流れる豊かな水と、潮の干満によって支えられてきた。上流の肥えた土を下流域に運び、土地が肥える。満潮は稚エビや稚魚を運んでくる。

だが、ダムとエビ養殖が人びとの暮らしを大きく変えた。これまでの多くのダム設計者は、電力量、灌漑面積、洪水制御など利点の計算は巧みだったかもしれない。しかし、河口域までの影響はほとんど考慮してこなかったのではないだろうか。まして、「洪水が農地を肥やす」という発想はなかっただろう。それ以上に、マングローブ地域の潮の干満の機微と人びとの暮らしなどまったく視野に入っていなかった。

外務省の『1993年度経済協力評価報告書』のなかに、「開発と環境—事後評価からのアプローチ—」という委託研究があり、シーナカリン・ダムの事後評価がなされている。ここでは、このダムは72年にOECFが130億円を融資して建設されたと述べられているが、案の定、河口域に起きた問題には一言もふれられていない。タ

多額の維持管理費とぜいたくな設備が批判されたタイ文化センター
(バンコク、06年9月)

ネットさんがこの報告書を見たら、きっと怒り出すだろう。

ダムをつくると、当然ながら水量が調整される。その結果、雨季の洪水がなくなる。長年にわたって洪水が運んだ肥沃な水でマングローブが育ち、野菜や果樹や米を栽培してきた。華人の入植(おそらく19世紀以降)によって、この泥湿地帯は生態系に合った農林漁業地域に変わっていく。縦横にめぐらされた掘り割りがヒトとモノの移動を促した。おそらく米も搬出され、マングローブ炭生産も盛んになったのだ。

ところが、ダムの完成で水量が減った。すると、何が起きるか。満潮のとき塩水が内陸部まで入り込むようになったのだ。野菜も果樹も米も、塩水に耐えられない。そのため、塩水に強いココヤシ栽培に切り替えられ、この地域ではココヤシ砂糖の生産が大きな産業になる。

これはわたしの仮説であるが、塩分濃度の高い泥湿地帯が増え、人びとは困っていた。そこにブラックタイガーの集約的養殖が入り

天然ガス開発借款で建設されたLNG（液化天然ガス）精製工場。日本の国益のための天然ガス開発は、周辺のエビ養殖池に大きな被害を与えた（北アチェ、99年8月）

込んできたのである。塩水に困っていた住民は、エビ養殖に飛びついた。80年代中期以降である。東南アジア最大の水産・水産加工多国籍企業であるCP社*が大量に土地を買いあさり、マングローブ林を伐採して養殖池を造成する。その他のバンコクの水産業者も入り込んできた。土地を売った人もいたが、自分でブラックタイガーを育て始めた人もいる。

だが、集約的養殖は土地への負荷があまりに高い。高密度の養殖、大量の人工飼料投餌、薬品や化学肥料の投与……。当初からマングローブ林の破壊や土地の疲弊につながる悪循環が予測されていたが、目先の利益がエビへの狂奔を生み出していく。そして、とどのつまりが池の放棄である。

大規模ダムの建設という都市のエゴが、マングローブ地域の生態系を活かして暮らしてきた人びとの生活を台無しにしたのだ。それでも、デイトやシラウェイ・スラチプさん、タネットさんなどが立

＊正式にはチャルーンポーカパン社であるが、通常CP社と呼ぶ。

クドゥンオンボ・ダムの完成後も、農業禁止地帯でひたすら耕し続ける
(中ジャワ　ソロ北方、92年8月)

ち上がりつつある。ODAによるダム建設と大量のエビ消費にかかわるわたしたち日本人も、けっして無関係ではない。

ODAプロジェクトは、長い目で評価しなければならない。そして広い地域への影響も見ていかなければならない。シーナカリン・ダムはそれを教えてくれている。

住民を立ち退かせてできたボロブドゥール史跡公園

日本で初めて市民がODAの問題を具体的に取り上げて批判したのは、ジャワ島中部のボロブドゥール・プランバナン史跡*公園計画である(ODAプロジェクトとしては、大規模ではない)。

史跡公園の計画は、ボロブドゥール・プランバナン史跡観光公園株式会社の手で1980年から推進された。資本金は100億ルピア(当時のレートで約40億円)で、社長は退役空軍将軍H・ブディアルジョ。

*ボロブドゥールは8～9世紀に建造された大石造仏教遺跡。プランバナンは9～10世紀に建立されたヒンドゥーの建築群。ジョクジャカルタ東方約20kmにある。

バリ島のングラ・ライ国際空港の拡張工事（90年8月）

計画によれば、ボロブドゥール仏跡周辺の85ha(25.8万坪）が公園敷地となる。完成する83年に見込まれていた観光客は、年間107万人（1日3000人）である（その数字はおそらく達成されたと思われる）。

この広大な敷地内に住んでいた人びとが、移転を強いられた。だが、仏跡周辺の第二ゾーンに指定されたンガラン・クラジャン村とクナヤン村に生活する350世帯の住民は、立ち退きを強固に拒み続けた。

彼らの多くはココヤシの採液で生計を立てていた。ヤシの木を住民自身が所有しているわけではないが、長年にわたって採液して暮らしていけるように、近在の所有者が利用権を認めていたのだ。村人が相互に助け合い、連帯していこうとする基盤があった。彼らはここを追われれば、生計を奪われてしまう。たとえ代替地を与えられても、そこに自由に採液できるココヤシがある可能性はない。

ボロブドゥール・プランバナン史跡観光公園株式会社側は、住民を代替地に移転させようとさまざまな甘言を弄したが、住民は会社

ボロブドゥール史跡公園の竣工で立ち退かされた住民が、鉄条網内に入り込んでTシャツを売る（83年8月）

を信用しなかった。住民たちの訴えが、インドネシアの人権擁護団体によって発行されたパンフレット『ボロブドゥールからの叫び』に載せられ、援助の当事者である日本のNGOに送られてきた。外務省にその訴えを伝えたが、何ら動こうとはしなかった。

この公園計画で立ち退かされる住民にわたしが会ったのは83年である。当時、移転に反対する住民の家の前に遺体が置き去りにされるという奇怪な事件が起きていた。誰の遺体だったのかはっきりしなかったが、そのころ流行っていた国軍による謎の射殺事件（後に、スハルトは自伝で、自身が国軍に指令したと記した）と関係していたのかもしれない。何のための射殺だったのかはいまだに不明だが、アウトローの増加に手を焼いた当局による意図的抹殺計画で、刑務所を出た入れ墨のある人びと数千人が殺されたといわれる。町の「ならず者」がたくさん殺されていたころの事件である。

その後、88年にはインドネシアのNGOによる調査が行われた。そこでは、立ち退かされた住民は移転によって暮らし向きが悪くな

鉄条網越しの少年。ヤシ酒を売っていた(ボロブドゥール史跡公園、83年8月)

り、補償は非常に不十分だったと結論づけられている。それが気にくわなかったのだろう。ODA擁護論者は公園の管理者や行政関係者に話を聞き、わたしたちの主張をほとんど無視し、公園計画によって観光産業が繁栄し、収入が増え、計画は成功だったと、わたしたちを批判した。

小さな民の苦しみを無視して、なぜ、ここまでODAを擁護したいのか。事実を事実として受けとめればいいのにと、わたしは思った。事実に向き合う勇気がないのか、目線が国家にあって民衆の存在が見えないのか、それとも官僚の意向をおもんばかってなのか。これら擁護論者も一介の民にすぎないのに。

この史跡公園の計画策定は、国際協力事業団(現在の国際協力機構＝JICA。当時の総裁は有田圭輔)が行なった。JICAは開発調査事業としてその整備計画にかかわった事実を『国際協力事業団年報』(1979年版)で報告している。それによると、インドネシア政府観光総局の要請で、73年度から開発調査が始められた。実際に計画を策定

住民が遺跡に洗濯物を干していた（プランバナン、75年8月）

したのはジャパン・シティ・プラニングというコンサルタント会社である。

日本の「援助行政」はタテマエとして、相手国政府の要請に基づいてなされてきた（要請主義）。しかし、プロジェクト策定にあたっては、事前にコンサルタントや商社が関与している。政府が決定する根回しは、民間会社が行うのである。この史跡公園化計画は日本のコンサルタント会社が図面を引き、整備を請け負ったのも日本の建設会社だった。

史跡公園の完成後、何度か足を運んだ。当時、インドネシア政府観光局が発行したパンフレットには、次のように書かれている。

「ある晴れた朝あなたは、ジョクジャカルタのホテルからあなたを乗せてきた馬車を降ります。寺院への門を入ると、あなたは遠い昔の時代に戻ります。いまの時代を思わせるものは何もありません。邪魔な電線も電話線も、やかましいラジオもカセットも、石けんを広告する看板もありません。草はきれいに刈り込まれ、チュン

戦後賠償で建てられた製紙工場。いまは廃墟と化した（南スラウェシ ゴワ、04年3月）

パカ*やジャスミンのような丈の低い花々が咲き乱れ、よい香りが漂っています。ここでは時間がとまっています。千年も昔のままなのです……。あなたは過去の栄光を思い起こしながら、青々と繁った木の蔭でひとやすみすることもできます」

仏跡を中心にして、博物館、保護センター、駐車場、売店、レストランなどがある。たしかにきれいにはなったが、そこが「遠い昔の時代」とは一度も思えなかった。園内を電気自動車が走り、園外にはたくさんの土産物屋が軒を並べ、どこでも売っているような土産を売っている。

この公園は観光客誘致には成功したのかもしれない。観光客が増え、たくさんのインフォーマルな土産物屋や物売りを追放でき、遺跡の破損が抑えられたではあろう。だが、それで「めでたし、めでたし」で終わらせていいのだろうか。公園の建設によって追い立てられた住民の痕跡はどこにもない。住民が追われ、傷ついた事実だ

＊香りのよい花、プルメリア。

ODA の現場ではどこでも見られる日の丸（南スラウェシ ビリビリ・ダム、04年3月）

けが、ボロブドゥールの歴史に刻み込まれたのである。

がんばるコンサル

海外で汗してがんばっている人たちは多い。ODA プロジェクトには、商社、コンサルタント会社、メーカーなど日本企業が大きくかかわっている。こうした ODA 関係者にアジア各地でよく出会う。頭の下がる一方で、会社のために「そこまで」と思うときもある。

2000年代に入って、コンサルタント業界では熱心さで有名なパシフィック・コンサルタンツ・インターナショナル（PCI）社に、不祥事が相次いだ。2000年９月に JICA は、ODA 事業の再委託（コスタリカの農業開発計画調査事業）で資金流用があったとして、６カ月間の指名停止処分を行い、流用分を含む使途不明金約17万3000ドル（約1800万円）の返還を求めた。07年12月には、国から受注した遺棄化学兵器処理事業に絡み、荒木民生元社長らが約１億円を不正に流用したという特別背任容疑で東京地検特捜部の家宅捜索を受

福田赳夫首相のASEAN訪問時にG･M･スダルタが描いたマンガ「援助よりもうけ」
(『コンパス』紙、1977年8月6日)

け、社長職を退任している。さらに、08年４月には、やはり東京地検特捜部によって旧経営陣らが特別背任容疑で逮捕された。03年以降、香港の現地法人などに年間１億円以上をリベート支払いのために送金していたという。

あきれた会社のように見えるが、他社も潔白とはいえないような風土がこの業界にはある。コンサルタント会社はともかくもプロジェクト探しに必死だ。

わたしは02年３月、西カリマンタンと中スラウェシに出かけた。地域紛争の背景を知りたかったためである。

西カリマンタンでPCI社の社員２人に会った。彼らはプロジェクト・ファインディング(援助案件探し、通称プロファイ)のために来ていたのだ。国境沿いの道路が必要だとか、トランス・カリマンタン道路が必要だとか、とにかくプロジェクト発掘に懸命だった。彼らは、西カリマンタンにおけるダヤク人対マドゥラ人の紛争も商売に利用できないかと考えているのかもしれない。

ダヤク人とマドゥラ人の紛争和解のための印
(西カリマンタン ポンティアナク、02年3月)

西カリマンタンのポンティアナクからシンカワンに行く国道沿いの一部に、ひどく浸食された地域がある。どうやら、沖合でシンガポール向けに砂を掘っているらしい。シンガポールは毎年埋め立てをして、面積を増やしている。領土拡張である。以前は、目と鼻の先のバタム島あたりで掘っていたが、このころは砂を求めて西カリマンタン州まで来ていた。この砂採掘業者は五洋建設だった。

中スラウェシのポソでは、ムスリムとキリスト教徒が争っていた（ただし、それが本当に宗教紛争だったのかについては疑問符がつく）。そこにもPCI社の社員が来ていた。彼らは、日本のODAが何を重視しているのか勉強している。「人道支援」にODAが傾いたといえば、それに合ったプロジェクトを探し、つくり出す。道路でも橋でも、理由さえつけば「人道支援」になる。「貧困除去」にもなる。どうやら、この紛争地でプロファイをしていたようだ。

このときPCI社が仕込んだODAプロジェクトは、その後実を結んだ。わたしがポソで社員に出会った翌年の03年5月29日、外

ポソ紛争による避難民への人道支援にも、日本のODAは拠出された。
しかし、人道支援金汚職で地元の役人たちが逮捕されている(02年3月)

務省は「中央および北スラウェシ州橋梁改修計画」についての協定に対する無償資金協力供与を決定している。開発調査事業を落札したのは同社で、協定内容にはおおむね以下のように書かれていた。

「インドネシアのスラウェシ島は、ジャワ島やスマトラ島に比べて開発が遅れている。なかでも中央スラウェシ州のブオル県とバンガイ県は州都パルから離れているため、道路などの整備が遅れている。現在使用している橋梁のほとんどは、40年から50年前に建設された木橋である。そのため、近年の交通量の増加や老朽化によって破損している。また、雨期に河川の水位が上昇すると使用できなくなり、他の地域と分断されるなど、住民の日常生活にも支障を来たしている。さらに、スラウェシ島縦断幹線道路上にある北スラウェシ州の2橋梁は、洪水による破損や老朽化によって、重量制限などを行わざるを得ない状況にある。本来の幹線道路としての機能を有していない。

インドネシアでは持続的で公平な開発基盤の強化を行い、国民福

Capres Megawati, Wiranto, Susilo Bambang Yudhoyono, Amien Rais, dan Hamzah Haz
Menjelang Pemilu 2004 (2004)

G･M･スダルタが2004年総選挙時の大統領候補者たち（左からウィラント、スシロ･バンバン･ユドヨノ、メガワティ、アミン･ライス、ハムザ･ハズ）を描いたマンガ（*40th Oom Paasikom*, 2007）

祉の向上、経済再建の促進を図ることを目的として、地域住民の生活レベルの改善、全スラウェシ島の均衡ある発展を図るため、これら橋梁の架け替え、および改修を緊急の課題としている。しかし、厳しい財政状況のため困難な状況にある。

このような状況のもと、インドネシア政府は『中央および北スラウェシ州橋梁改修計画』を策定し、中央スラウェシ州における14橋梁の改修、北スラウェシ州における２橋梁の改修を行うために必要な資金につき、わが国政府に対し無償資金協力を要請してきたものである」

上手い分析である。わたしの見た風景とは異なるが、こうしてODAが決められていく。人の目の少ないところでは仕込みもしやすい。中スラウェシ州知事や対象地の県知事とPCI社とがどのような接触をしたのか、この目で見てみたかった。

開発最前線の風景

森は日系企業によって伐採され、新たに成長の早いアカシア・マンギュームやユーカリなどが植えられる。住民の暮らしの場が奪われていく(パプア・ニューギニア、90年7月)

アサハン調整ダムの工事。アサハン・ダムとアルミ精製工場は、日本のナショナル・プロジェクトと呼ばれた（北スマトラ　トバ湖、81年3月）

経済開発、もっと一般的にいえば経済成長は、人を豊かにするという。山や森が拓かれ、道路や港がつくられ、ダムの建設や灌漑・排水事業が行われ、工場が建てられる。これが開発である。わたしは東南アジアでたくさんの開発現場を歩いて見てきた。たいていは問題のあるところだ。表面上はそうでなくても、長いタイムスパンのなかでは問題が起きているところもある。

さまざまな開発の現場を歩き、想像力を働かせることが大事だとわたしは思っている。

工業団地の開発と「開発難民」

インドネシアに留学して間もない1975年３月、西ジャワ州最西端のセランに行った。この町出身の学生が、自分の家に招待してくれたのである。その近くに国営石油公社（プルタミナ）が開発していた一大工業団地があり、鉄鋼工場を中心にニュータウンが建設中だった。住んでいた人びとは、きっと追い立てられたのだろう。

フリーポート・インドネシア社の銅鉱山から流出した鉱滓《こうさい》が緑を奪った
（パプア トゥンバガプラ、96年3月）

工業団地自体にはさほど驚かなかったが、周辺に建設されていた社員住宅と関連施設の豪華さにはびっくりした。ゴルフ場、瀟洒で広い芝生の庭付きの幹部住宅、ショッピングモール、もちろんモスクや教会もある。さながら別天地だった。

それ以来、たくさんの工業団地を見てきた。北スマトラのアサハン・アルミ工場（日本のODAと民間資本が入っている）、マルクのセラム島ワイサリサにあるアジア最大と呼ばれた合板工場、パプアにあるアメリカ系鉱山会社フリーポート・インドネシア社の社員住宅地（ティミカという町の郊外）などだ。どこも同じように豪華な幹部社員住宅、ショッピングモール、映画館、モスク、教会、ゴルフ場がある。周辺に住民が暮らしている場合、金網が張られており、社員用施設と切り離されていることが多い。

「金持ち会社の社員たちがぜいたくに暮らそうとおまえの知ったことか」と言われると、そうかもしれない。だが、あまりの落差。わたしはそこに敗戦後の日本を重ねてしまう。

ラピンド社が行なった天然ガスの採掘で熱泥が噴出した（東ジャワ　シドアルジョ、07年6月）

戦後、「進駐軍」（おもに米軍）の住宅が東京都心の代々木にあった。ワシントン・ハイツと言われ、緑の芝生に白い瀟洒《しょうしゃ》な住宅で、住人の足はクルマだ。貧しさに苦しみ、餓死という言葉が現実味を帯びていた日本人大衆は、金網越しにこのワシントン・ハイツを羨《うらや》んだ。なかには、憎しみの感情で見ていた人もいた。

「成長するアジア」のシンボルが工業開発である。工業製品を海外に安く輸出するために、60年代末から70年代にかけて、「輸出加工区」「自由貿易区」が東アジアや東南アジアでつぎつぎにつくられる。韓国の馬山《マサン》、台湾の高雄、マレーシアのペナン、フィリピンのマリベレスなどが有名だ。日本・アメリカなどの外資が入り、労働者が集められ、フル稼働して、外貨獲得に貢献していく。輸入代替工業化から輸出志向工業化への転換であり、アジアの成長を支える拠点だ。

フィリピンのバターン半島最南端にあるマリベレス輸出加工区を、87年に訪ねた。バターン半島は、日本軍による米比軍（アメリ

ラピンド社による熱泥の噴出で埋まった住宅（シドアルジョ、07年6月）

カ人とフィリピン人の混成部隊）を引き連れての「死の行進」で名高い。マルコス政権当時、原子力発電所が建設されていたが、未完成のままマルコスは海外逃亡した。すでに彼が強力に推し進めてきた開発独裁は終焉し、輸出加工区には活気が感じられなかったのをよく覚えている。鳴り物入りで進出してきたフォード社の工場も操業には至らず、日本企業がつくっていたのは軍手や100円ライターだった。

70〜80年代の日本におけるアジア連帯運動の焦点は、フィリピンや韓国との関係である。たとえば上智大学の山田経三神父は、ミンダナオ島に川崎製鉄が公害輸出を行なっているというキャンペーンを張った。ルーベン・アビト神父は日本―フィリピン関係のゆがみを指摘し、新たな民衆交流の運動を展開していた。宇井純氏と仲間たちによる反公害輸出通報センターは、日本化学の韓国への「公害輸出」を告発していた。アジア太平洋資料センターでは、輸出加工区やバナナの調査・研究が進んでいた。

わたしが初めてフィリピンに行ったのは87年だから、他の NGO

フィリピン人のお手伝いさんが日曜日に集まるラッキープラザ（シンガポール、90年8月）

関係者より遅い。インドネシア帰りのわたしはフィリピンとのかかわりが薄いまま、出かけた。鶴見良行さんが案内人だから、いま思えば豪華な旅である。

そのころフィリピンの労働運動は活気があり、輸出加工区ではいつもストライキが起きていて、加工区自体うまくいっていなかった。それでも、輸出志向工業化ブームに乗り遅れまいとして、アキノ大統領は90年10月にカラバルソン地域開発計画（マニラ近郊のカビテ、ラグナ、バタンガス、リサール、ケソンの5州を総称してカラバルソン地域という）をスタートさせる。前年にできたアメリカ主導の対比多国間援助構想（MAI）によって、開発モデル地域に指定されたのである。日本のODAを中心にインフラ整備が進められ、日本の大手商社などが工業団地を開発。現在は、多くの日系企業の進出拠点になっている。

開発によって追い立てられ、スクオッター（不法居住者）になった住民の家も訪問した。とても小さな粗末な家で、その日暮らしのイ

スラバヤとマドゥラ島を結ぶスラマドゥ橋の建設に異議を唱えるイスラーム指導者
（マドゥラ島バンカラン、97年3月）

ンフォーマル・セクター従事者になってしまった「開発難民」である。輸出加工区や大工業団地ができると、必ずといっていいほど「難民」が出る。開発当事者は、こうした難民のことはほとんど考えない。

普通に暮らしてきた人びとが、ある日突然追い立てを食らい、暮らしが成り立たなくなる、開発にはそういう側面がある。そのような光景をイヤというほど見せられてきた。

どこにも見える日本企業の影

タイの東部臨海工業開発も1980年代終わりに始められている。有名なパタヤ・ビーチをさらに東側に行くと、車で何十分走っても尽きないほど広い工業地帯になる。レムチャバンという漁村は近代的な港に飲み込まれ、漁民の暮らしは成り立たなくなった。新しい港は、小さな漁船が着岸できるような港ではなくなったからだ。ここにも日本企業の進出の影がある。

ガトーンのカセット「イープン・ユンピー」のジャケット。
日本の箸がタイを食べている(90年10月)

80年代末のタイでは「イープン・ユンピー」(イープンは日本で、ユンピーはそれをひっくり返した言葉。「チビの日本人」というような皮肉が込められているという)という歌が流行っていた。歌っているのは、「ガトーン」という人気バンドだ。

聞いたかい？　知ってるかい？　日本のサムライのことを
“黄禍”って何か　眼をしっかり開いて悟っておくべきときだよ
タイのみんな　恐ろしいエコノミックアニマルが
タイを丸焼きにしてしまう
タイの大地を　田畑を　マングローブの海辺や山を
どんどん買いまくっているんだ
ミスター・イープン・ユンピー　刀をもったサムライ
タイの剣やタイ・ボクシングで、まだ闘えるのだろうか？
タイのみんな……　(岡本和之訳)

パームオイルの精製工場（マレーシア　サバ州、91年8月）

この歌にも歌われているように、東南アジアでの日本の存在が、70年代初期についで、さらに大きく感じられるようになった。バブル日本が東南アジアのどこでも見られた。

当時は、アヘン栽培の「黄金の三角地帯」に絡めて、複数の三角地帯がもてはやされていた。シンガポール・マレーシア（ジョホール）・インドネシア（スマトラ島）を囲む「成長の三角地帯」、インドネシア・マレーシア・タイを囲む「北方の成長の三角地帯」、フィリピン南部・マレーシアのサバ州・インドネシアのスラウェシ島北部の「三角地帯」（とくに名前はない）などである。

93年にマラッカ海峡を南下する旅をしたときは、海峡をはさんで、華人たちのビジネスが実に活発であった。スマトラ島の内陸部では最近、どこもここもオイルパーム（アブラヤシ）・プランテーションの造成が盛んで、アブラヤシを植えるために熱帯林を伐採して焼き払う。お陰で森林火災が引き起こされ、対岸のマレーシアでは煙害が深刻だ。

アブラヤシ・プランテーションで働くインドネシア人出稼ぎ労働者
(マレーシア ジョホール、90年8月)

半世紀前、森林伐採を問題にする人はほとんどいなかった。いまでは、乱伐を問題にしない人のほうが少数派だ。アブラヤシからつくられるパームオイルは日本人の食生活に欠かせないし、洗剤や石けんにも使われて暮らしを支えてきた。今後はバイオ燃料としてクルマを走らせるのにも使われるだろう。

強制移住で破壊されるパプアの森

濃い緑、淡い緑、ときに立ち枯れした白樹。広大な熱帯の森林が広がる。ふと、その一角が四角に切り取られている。赤茶けた大地に、きれいに直線に整列された縦横の家並み、開拓農民の家と農地である。ボルネオ島やパプアの上空を飛んでいると、しばしば目にする光景だ。「開発最前線」でもある。

ここはインドネシアのパプア、最東南端のメラウケから北へ250km。パプア・ニューギニアとの国境線近くに開発された、ジャワ人を中心とした移住村シガベル村である。1993〜94年に開かれ、

細いクリークが無数に大湿原を流れている（パプア タナメラ、96年8月）

約500世帯からなる。メラウケのNGOがエコ・トゥーリズムを実践し、海外から客を募っていた。わたしたち４人の日本人「エコ・トゥーリスト」をこの開拓村に案内してくれた地元NGOのリーダーが、緊張した表情で注意を与える。

「村人に『何しに来た？』と聞かれたら『氷と水を買いに来た』と言うように」

地元の人びと（パプア人）には、移住者が来たことで自分たちの土地と暮らしが奪われたという感情がある。それを知っている移住村の人びと、とりわけ移住してきたジャワ人は、地元民に警戒心をもっているようだ。

一面切り拓かれた森林跡地で、大地が赤い。家と家の間はかなり間隔がある。ところどころにキオスク（雑貨店）がある。店の前で、ジャワ人らしき小柄な中年男性にほんの少し話を聞いた。

移住者の出身地は東ジャワ、中ジャワ、西ジャワとばらばらである。１世帯あたり２haの土地と１軒の家が与えられたという。移

オランダ植民地時代の政治犯流刑地にジャワ人は移住させられた。赤茶けた大地は、稲作を拒む（パプア タナメラ、96年8月）

住後の１年間は生活支援金が出される。

「一生懸命働けば、なんとか食べられる」と彼は言うが、並大抵の努力ではないことが、言わず語りに、その雰囲気から伝わってくる。家の中には家具らしいものはほとんどないし、電気も水道もない。耐えられずにジャワ島に帰った人もたくさんいるそうだ。政府から与えられた家は小さな木造家屋。家の中はすべて土間で、トタン屋根のせいか暑い。空き家になった家が目立ち、村の世帯の半数近くにもなる。

畑らしい畑は、あまり見当たらない。落花生、シンコン（キャッサバ）、トウモロコシなどが植えられているが、生育はよくない。タロイモもある。しかし、灌漑水がないので、水田は開けない。陸稲畑があるが、土地が痩せているため、化学肥料と農薬づけになっているという。コーヒーの木もあるものの、商品化できるほどではない。そもそも水ひとつまともに供給されていない。NGO のリーダーは言った。

ベチャの「墓場」（ジャカルタ 84年6月）

「インドネシア政府は、貧困をジャワ島から「外島[*]」に輸出し、ジャワ島を外国人からも素晴らしく見えるようなショーケースにしようとしている。移住村での生活に耐えられずに移住民が出ていっても、森は元に戻らない。赤茶けた乾燥の大地で苦しむジャワ人と、移られてきて苦しむパプア人。それがこの村だ」

開発は必ずしも恩恵ではない。スハルトの時代は「開発の時代」と呼ばれ、政府の鳴り物入りの開発プロジェクトが実施されたが、そこからはじき出され、被害を受ける人びとは、そのような開発を呪った。詩人・演劇家のレンドラは、老人に託して「開発の時代」を呪っている[**]。

＊ジャワ島、バリ島、マドゥラ島以外の島々。インドネシア国家におけるジャワ中心主義を表す言葉である。

＊＊Rendra, “Sajak Seorang Tua di Bawah Pohon”, in *Potret Pembangunan dalam Puisi,* Jakarta: Lembaga Studi Pembangunan, 1980. 村井吉敬・三宅良義訳『ナガ族の闘いの物語』（めこん、1998年）に訳出されている。

クドゥンオンボ・ダム建設による立ち退きに最後まで抵抗し続けた老農民
(中ジャワ　サラティガ近郊、92年8月)

木陰に佇《たたず》む一老人の詩《うた》

これはわしの詩じゃ
枯れ果てた木の下に佇む老いぼれの詩じゃ
背の荷を両の手で支え
消えた丁字《クレテック》たばこを咥《くわ》えとるのがわしじゃ
わしは時代というものを眺めておる
わしは経済の絵模様を見つめておる
外国の商標で埋めつくされたショーウィンドウに
また村々をつなぐボロボロの道に
こんな道じゃ村々のつきあいもむずかしくなってしまう
わしは強盗とか不正腐敗を見つめておる
わしは大地に唾を吐く

わしは警察署の前に立っておる
デモ隊の一人の顔が血だらけだ

ごみをあさる子どもたち（カンボジア シェムレアップ、02年8月）

法律ぬきの暴力を見つめている
そして一筋の長い道
ほこりだらけ　野良猫だらけ
疹癬の子どもだらけ　悪質で威圧的な兵隊だらけ

わしは太陽に追われて歩む
開発の歴史という道をたどっていく
その道はうすら汚く、偽りだらけじゃ
わしは人の言うとることを耳にする
「基本的権利はどこでも同じなのではない
ここではよき開発のために政治的自由は制限されねばならない
貧困に打ち克つためには基本的権利が少し犠牲にされる」
ああ神よ、糞喰らえ、これはいったい何だ！

家族計画を宣伝する中学生のパレード
(パプア　ファクファク、05年8月)

アメリカ系鉱山会社ニューモント社の公害で、村人はほとんどが立ち退いた。金や銅の採掘によって、ヒ素を含有した排水が海に流れ込んだとされる
(北スラウェシ、05年8月)

ブリティッシュ・ペトロリアム(BP)社による天然ガス開発
(パプア　ビントゥニ湾、06年3月)

トゥーリズム考

観光客を魅了するバリ島の踊り (93年9月)

蛍の木を見に行った。夕暮れも素晴らしかった
(パプア ラジャ・ウンパット諸島ワイゲオ島、01年3月)

小さなバッグ一つの旅

よい旅の仕方というようなことを、ときに考える。煩わしいのは荷物である。最低限の衣服、ほんの少しの洗面具と医薬品、耳かきと爪切りは持っていたい。これだけで旅はできる。ところが、わたしは山に登っていたせいで、寝袋は、ヤッケは、コッヘルはなどと、余計なことを考えてしまう。

いまは、自炊の旅も、テントを持参しての旅もしなくなったし、たいていは人里近くをうろついているだけだから、本当に必要最低限のものでいい。シャツもパンツも現地調達できる。マラリア予防薬などは、現地でしか入手できない。

これだけなら、小さなバッグ一つで身軽に移動できる。しかし、実際はそうもいかない。デジカメ、パソコン、充電器など電子機器が多い。携帯まで持って歩く。重い。ときには、土産も持って行かなければならない。本当はメモ帳とボールペンだけで旅をすればい

「夕陽といえばウジュン・パンダン」と言われていた(88年7月)

いのだが、その日のうちにデジタル媒体で記録しておくと便利だと思うようになってしまった。昔は日誌に下手くそながらたくさんの絵を描き、地図も書いていた。記録者としては昔のほうがよかったと自分でも思うが、軽いバッグ一つの旅ができなくなっている。

マカッサルの夕陽、パレパレの夕陽

夕陽といえばウジュン・パンダン(現マカッサル)といわれるほど、南スラウェシのマカッサルの夕陽は有名だった。しかし、今日、マカッサルは急速な都市化と開発で、夕陽をのどかに眺める場所がなくなってきているように思える。西に海があるから水平線に沈む夕陽が見られるのだが、それにふさわしい浜がなくなってきた。たとえば、オランダが築城したフォート・ロッテルダムは海の見渡せる絶好の位置にあり、いまは博物館になっている。ここで夕陽を見ようと出かけたが、城の前に建物などができてしまい、見ることができたのは恋人たちの甘い仕草ばかりだった。

海のない夕陽。わたしの撮った写真のなかでは珍しい
(パプア タナメラ、96年8月)

海岸通りが夕陽にはいいのかもしれない。ココヤシ並木の美しい通りで、歩道もある。夜にはたくさんの屋台が出る。だが、海がいまひとつ美しくない。しかも、最近はけっこう高層なホテルやビルが景観を壊している。

そこで、海にせり出したゴールデン・マカッサルというホテルの２階にある屋外レストランに行った。ここはたしかにいい景色だし、いい夕陽が見られる。でも、高級ホテルから夕陽を眺めるのは何だかインチキっぽい気がしないでもない。海の汚染も気になる。マカッサルの夕陽は、もはや過去の幻になりつつある。

素晴らしい夕陽には前景があったほうがいい。ただ海だけでは、少し寂しい。船があったり、浅瀬に仕掛けられたバガンがあったりすると、ほっとする。カヌーがシルエットで浮かぶような夕陽がいちばんいい。夕陽は、太陽が少し隠れていたほうが美しくなる。それには適当に雲がなければならない。ピーカン晴れの夕陽はそっけないものだ。鱗《うろこ》状の筋雲が幾層かあるのがいい。光をまったく遮

水平線が見られないのが残念(南スラウェシ パレパレ、83年8月)

ってしまうほどの厚い雲はダメだ。

極彩色の夕陽に前景が伴うような理想的夕陽には、めったにお目にかかれない。アル諸島のドボで、そんな夕陽を見たことがある。本当にカヌーが、大きな太陽の前をゆったりと進んでいたのだ。雲にやや難点があったが、ほぼ理想景に近かった。

マカッサルと同じ南スラウェシのパレパレ港の夕陽も素晴らしい。ただし、一つだけ難点がある。前景に、つまり西に半島が突き出ていて、水平線に沈む太陽は見られないところだ。しかし、初めてパレパレに行った1983年8月17日の夕陽は見応えがあった。

太陽は西10°ぐらいまで沈んで、すでに半島は黒いシルエットになっていた。都合のよいことに、太陽の下側に筋雲がたなびいている。湾内にはカヌーが行き来し、バガンもある。埠頭には貨客船が横付けされている。護岸堤の内側に夜店が並び出していた。この日は独立記念日なので、華やいだ空気がある。

焼きバナナを買い食いしながら、夕陽を眺めた。大きなコウモリ

理想に近い極彩色が空を染める（アル諸島ドボ、86年3月）

がつぎからつぎへと、ふわりふわりと湾を渡って半島のほうに飛んで行く。海が朱色に染まり始め、カヌーが黒く浮かんでくる。波もなく油を浮かべたように静かな海に、カヌーの航跡が筋を引く。

やがて湾が暗くなると、空が燃え出す。沈んだ太陽は下から雲を染める。金と赤と黄が微妙に混じり合った、極彩の光の協奏曲を奏でる。刻一刻と錦織りのような空が変化していく。生きていてよかったなあと、大げさな感情が沸いてきた。

日本のODAを検証するバリ島のサイクリング

バリ島でレンタ・サイクル。なかなかしゃれたことをするようで、気分がよかった。バリ島一のリゾートであるクタの宿で自転車を借りようとしたら、すぐに近くのレンタ・サイクル屋のお兄さんが自分で貸し出す自転車に乗ってやって来た。インドネシアの子どもたちに人気のあるマウンテンバイクで、賃料は一日１万ルピア（約500円＝97年当時）。座高が高すぎると思ったので、低くしてもらっ

大コウモリが舞う夕空
（パプア　パダイド諸島ダウィ島、05年8月）

犬のシルエットもなかなか
（バリ島クタ海岸、2000年3月）

た。しかし、これが失敗の原因、後からひどい目にあう。

鼻歌混じりでこぎ始める。カンカン照りだが、あくまでも青く澄み渡った空が気持ちよい。とはいえ、サヌール方向へ向かうバイパスに出るころになると、さすがにお天道様が気になる。このまま行くと、丸焦げになりかねない。短パン姿だから、太股も危ない。まずミネラルウォーター0.5ℓ瓶2本を入手。

しばらく走ると、もう我慢ができないほど暑い。30分と走っていないのに、全身汗だくになった。帽子屋を探したが、なかなか見当たらない。やっとのことで麦わら帽のような帽子を並べている店があり、飛び込んだ。「おっ！」この帽子、見たことがある。そう、以前に行ったカンゲアン諸島（バリ島の北）で編まれている帽子だ。懐かしくなって、すぐに買い求めた。これで万全。また鼻歌混じりで、こぎ出す。

ところが、座席が低すぎ、ひどく疲れる。そのうえ、尻がだんだん痛くなり、堪えられない。仕方なしに、尻の中心線をずらして漕

ヒンドゥーの神に祈る（バリ島、93年2月）

ぐ始末、なんともお粗末なサイクリングだ。

どこに行くかは、およそ決めてあった。バリ島はさまざまに日本とのかかわりがあり、十数年にわたって観察してきた。主要な対象はエビ養殖池、日本のODAでつくられたり行われたりしているマグロ漁港や空港拡張工事、そして観光関連施設である。これらのすべてが、クタ、サヌール、最近開発されたリゾート地ヌサ・ドゥアを歩けば、ほぼ見えてくる。そこで自転車で回ろうと思い立ったのである。

まず、クタの近くにあるングラ・ライ国際空港の滑走路の端に向かう。1990年8月に訪れたときは大拡張工事をしていた。滑走路は東西に延びている。西端はクタ・ビーチに続くサンゴ礁の海まで目一杯なので、東側に拡張しつつあった。マングローブ林が伐採され、拡張部分には白いサンゴの砂が敷き詰められている。この拡張工事は円借款プロジェクトで行われ、受注したのは日本の大手建設会社・大成建設だ。拡張のお陰で、より多くの、しかも大型の飛行

南方上座部仏教の僧侶(バンコク、95年3月)

ボロブドゥール仏跡を訪れるムスリム観光客(中ジャワ、01年9月)

バブル期の「空飛ぶマグロ」で、マグロ漁港もやっと賑わった(バリ島ブノア、90年8月)

機が発着でき、より多くの観光客が訪れるようになった。外貨収入も増えるだろう。だが、地元の人びとの関与も参加もないトゥーリズムは本当によいことなのか、問われる必要がある。

滑走路を後に、またまた炎天下のなかをブノア・マグロ漁港をめざす。マングローブ林の浅瀬の泥海に、2km ほどの堰堤を築き、その先端につくった埠頭がブノア港だ。堰堤《えんてい》にも埠頭にもほとんど木がないので、太陽が容赦なく中天から降りそそぎ、往生する。服はすでに汗でぐしょ濡れ、尻はますます痛い。

それでも、マグロ漁港が気になる。この埠頭は、72年に日本のODA プロジェクト「バリ島マグロ漁業基地整備」(建設費約6億円)で建設された。そもそもはインドネシアの漁業振興(とくにバリ島のマグロ漁業の振興)が目的の埠頭と関連施設だったが、80年代後半、日本への生マグロの水揚げ基地になっていく。

ブノア港は94、95年ごろまでは、台湾や沖縄の小型マグロ延縄《はえなわ》船がもっぱら利用していた。氷を港で積み、往復2週間以内で、イ

昔はヒッピー、いまはマス・トゥーリスト(バリ島クタ海岸、02年8月)

ンド洋でメバチマグロやキハダマグロを獲って水揚げし、加工処理して、日本に運ぶ。バブル経済まっただ中の80年代後半には「空飛ぶマグロ」ブームで、賑わっていた。今回びっくりしたのは、往時ひしめいていた台湾船や沖縄船がほとんどいなくなり、インドネシア船に替わっていたことだ。これは歓迎すべきではあるが、水揚げされているマグロが少ない。そして小さい。大きなマグロは獲り尽くされたのだろうか。

続いて、いちばん気がかりだったマングローブ植林地へ。埠頭の入り口から右折して、サヌール海岸へと向かう道路の右側が植林地だ。そこは、80年代末にエビ養殖池が造成されたところだった。道路は、浅瀬のマングローブ地帯を貫いている。昔は小規模な塩田がわずかばかりあったが、エビ好きの日本人のためにマングローブ林が伐採され、養殖池に変わってしまった。「空飛ぶマグロ」ブームのころはまた、エビブームでもあったのである。養殖池に投資したのは、バリ島の人びとではなく、ジャワ島の大都市に住む金持ち

伐採してエビ養殖池。その後、再植林(バリ島、97年3月)

だった。

ところが、エビ絶頂期の92年ごろ、養殖池の業者は撤退してしまう。借り受けていた国有地の借地契約期限が切れたという理由だった。放置された跡地では、マングローブの植林事業が行われる。その事業にもまた、日本のODAが供与された。何のことはない。日本人がエビを買いあさるのでマングローブ林が伐採され、いったんエビ養殖池にした。そこに日本のODAを使ってマングローブを再植林しようというわけだ。

エコ・トゥーリズムの可能性

わたしが初めてカンボジアのアンコール・ワットを訪問したのは95年3月である。2度目に行ったのは7年後の2002年。たった7年で、アンコールワット観光の基地であるシェムリアップ周辺は著しく変化していた。ホテルやレストラン、土産物屋、マッサージ屋が、ところ狭しとできている。アンコールワットの中にはしつこい

家船に暮らす（カンボジア トンレーサップ湖、07年8月）

コーラ売りの少年少女がいたが、その姿はない。川沿いには、スクオッターや物乞いの姿が目につくようになった。ここでは、バリ島が30年かけて経験したような観光地化が、たった7年で起きている。

「コミュニティを基盤にし、環境と地域の保全に責任あるトゥーリズム」がエコ・トゥーリズムであるとしたら、シェムリアップ周辺は完全にコミュニティを置き去りにしているように見える。ボロブドゥールの史跡公園化に見られる「遺跡が住民を締め出す」という事態も、やがて起きるだろう。そこに外国の援助が絡む可能性もある。

カンボジアへの外国人訪問者数は04年に100万人を超えた。このうち、おそらく70～80％はアンコールワットの観光客と推測される（シェムリアップ空港到着者数は60万人程度だが、プノンペン経由者を含めると70～80万人になるだろう）。バリ島との単純な比較はできないが、バリ島で外国人観光客数が100万人を超えたのは94年だ

アンコールワット遺跡群（02年12月）

から、ちょうど10年のタイムラグがある。バリ島は90年代前半に、すさまじい観光ラッシュが起きた。シェムリアップで起きている事態に、似たものが感じられる。ホテル建設ラッシュ、土産物屋の林立、性産業を含めた「癒し」系産業の興隆、外国人出稼ぎ労働者の流入などの現象だ。

02年12月末にシェムリアップで、上智大学アジア文化研究所主催のシンポジウムが開かれた。その一環として、シェムリアップで活動するAPDO（アンコール参加型開発機関）というNGOを訪問。その案内で、いくつかの村落工業の現場を見た。手編み籠、線香、パルミラヤシからの砂糖の生産、古紙の再生などである。

別の機会には、上智大学の石澤良昭さんが主宰する「緑陰講座」に参加させていただいた。これは、単なるアンコール遺跡についての教養講座ではない。参加者による遺跡周辺の掃除、周辺村落の住民との交流、さらには学生たちによる河川の汚染調査も同時に行う。いわば、「参加型講座」というべきものである。

もっとも「未開」と言われる地アスマットの長いカヌー
(パプア アスマット、07年9月)

川に張り出た住居(アスマット、07年9月)

遺跡周辺の地元NGOによるオルタナティブな開発プロジェクトの見学や、参加型講座への参加は、エコ・トゥーリズムへの一つの段階と位置づけられる。押し寄せる観光化の波に対して、まださほど大きな対抗力になっているとは思えないが、将来を考えれば可能性を秘めた事業であろう。

「コミュニティを基盤にした責任あるトゥーリズム」は、けっしして簡単ではない。地元住民の主体的な取り組みが何よりも優先されるべきである。そのイニシアティブを誰がとるのか。地元住民といっても、一様ではない。ときには、外部(地元に密着したNGO、場合によっては行政、さらには外国NGOなど)の力が必要になる。

心地よい旅

こうしたエコ・トゥーリズムの理屈や実践は、実はやや煩わしい。軽いバッグ一つ、気軽な服装で、メモ帳片手に、思いつくままに旅をすれば、それでいいのではないか。そんな気もする。いずれにせ

暮らしを運ぶ長いカヌー(パプア タナメラ、96年8月)

踊りの大会で演じられた創作舞踊劇
(パプア デパプレ、04年8月)

よ、いまの自分の旅の仕方には忸怩《じくじ》たる思いを抱いている。

最近、インドネシア最東端のパプアによく行くようになった。性に合った土地のように感じている。子どものころにあこがれていたトリバネアゲハの舞う土地である。ゴクラクチョウやオウムもいる。美しいサンゴ礁の海があり、手つかずの森もある。シャイだけど楽しげな人びとも多い。政治や経済上の苦難があっても、よく笑う人たちだ。そのパプアを訪れ、美しい浜でトリバネアゲハと子どもたちに出会う。このような旅が心地よい旅なのかもしれない。

オウムおばさん(パプア ビントゥニ湾オトウェリ村、04年8月)

インコ少年(オトウェリ村、04年8月)

船形の石積み（マルク タニンバル諸島ヤムデナ島、92年9月）

ペリカンの飛来する湿原（パプア タナメラ、96年8月）

人びととの出会い

浜の少年（パプア　パダイド諸島ダウィ島、94年8月）

峠で一休み(中スラウェシ リンドゥ湖、02年3月)

関係性としての写真

本当にたくさんの人びとと出会ってきた。一期一会の人も多い。何度も何度も出会っている人や、いまもずっとつきあっている人もいる。

写真で人を写すというのは、それほどたやすいことではない。すてきな笑顔の子ども、人生の苦悩を背負って生きてきたようなお年寄り、闘い疲れたような学生の闘士……。そのときそのときシャッター・チャンスがあるが、そのまま写真を撮ってよいものかどうかいつも迷う。たいていの人たちは、撮られることをいやがる。

写真で人を撮る。そこには関係性がでてくる。もっとも、相手が知らぬ間に勝手に撮っている写真も山のようにある。

過去の人物写真を見ていると、どんなときだったか、どんな会話をしたのか、あるいはイヤな顔をその後にされたかなどが思いおこされてくる。きれいな山や海や川を撮ったときとは、明らかに違う。

鍛冶屋諸島ワエトゥノ村を訪問した。
子どもたちはパニック的歓迎(84年7月)

子どもたちが歓迎の踊りを舞ってくれた
(パプア パダイド諸島ダウィ島、01年8月)

わたしは30年以上も東南アジアを歩いているが、人物写真の撮り方だけはまだはっきりした原則をもてない。

葬送の行進

少し哀しい行進だ。村の大工が死んだ。亡くなった家に集まった親戚や友人が、夜通し歌を歌っていた。賛美歌だ。女の泣き声もずっと聞こえてきた。ふだんは12時きっかりに電気は消えるが、今晩はずっとついている。2000年５月、パプアのタブラヌス村に世話になっているときのことだ。村のオンドワフィ（慣習法長）候補者のミングスさんの家に泊めてもらっていた。

翌朝、青年たちが墓掘りに行った。村のはずれ、海辺の墓地。この村の土は砂利だらけで、掘っても掘っても砂利が出てくる。「村の者しか穴は掘れない」と村長は言う。

昼過ぎ、ようやく墓穴が掘られた。汗だくの青年たちが戻って来る。教会の前にある小学校の校庭に、おとなも子どもも集まった。

葬送の行進(パプア タブラヌス村、2000年5月)

村人にはおなじみの葬送の曲なのだろう。大太鼓、小太鼓、笛の少しもの哀しい音楽が鳴り響く。子どもが花輪を掲げて、おとなが演奏しながら砂利道を歩む。弔いを出した家まで、ほんの100 mほどだ。

葬儀が始まった。村長と牧師が司会して、故人の経歴が語られる。1936年生まれ、64歳。オランダ植民地時代に建築技術学校に学んだ。７年前から足を患い、さらに手を患った。病院で治療を受けたが、１週間で家に帰りたいと言い、村に戻ってきたという。両足とも動かなくなって、やがて死んだ。「村の大工は４人いたけれど、残りは１人しかいない」と村長が言う。

故人が棺の中に納められた。ずいぶん小さくなってしまった遺体に妹や子どもが取りすがって、泣いている。妹は周囲の制止を聞こうともせず、いつまでも泣きやまない。

やがて、男たちが棺を担ぐ。教会までまた行進だ。やはりもの哀しい。今度は親類縁者も、いままで加わっていなかった村人も行進

墓地まで、おとなも子どもも行進する（タブラヌス村、2000年5月）

に加わった。教会で礼拝。背広にネクタイの、相当にモダンな牧師が司式をする。暑い盛り、みんな汗を拭きながらの葬送の礼拝。教会の中をツバメが舞っている。棺のまわりを家族がとりまく。礼拝中にも、思い出したように妹が遺体にすがって泣いている。

最後の行進が進む。墓地まで約300m。子どもも音楽隊も疲れはみえない。ベートーベンの第九の「歓喜の歌」や、わたしにも馴染みの賛美歌「神ともにいまして」を演奏している。ときどき音が乱れる。それも哀しい。

棺は２mも掘られた墓穴に納められ、若者がシャベルであっという間に砂利を埋めていく。そして、頭と下半身を想定して２本の木が植えられた。牧師が祈り、家族や要人たちが子どもが運んできた花輪を捧げる。これで、すべてが終わった。

300人もの会葬者がいただろうか。隣の村や町からも大工の死を悼んで、舟に乗って駆けつけていた。ありふれた葬式の一つなのだろう。しかし、わたしにとっては、死を悼む素朴な人びとの優しい

結婚式に呼ばれた
(東南スラウェシ　鍛冶屋諸島
ワンギワンギ島ワエトゥノ村、84年7月)

歌うボニファシウス少年
(アル諸島ドボからケイ諸島トゥ
アルに向かう船の中、86年3月)

民族解放運動の闘士だった郡長
(東ティモール　マウベシ、02年12月)

ヒッヒッヒッとかわいらしく笑うセフナットさんと家族
(パプア パダイド諸島ダウィ島、02年8月)

気持ちと悲しみがいやというほど伝わってきた。会葬者が三々五々引き上げるときも、音楽隊は演奏している。その音楽がずっと耳にこびりついていた。

独立に燃える氏族長

セフナット・ルンビアクさんは48歳。口ひげがやや白くなった、いかつい感じのおじさんだが、なかなか細やかに気配りをしてくれる。ヒーッ、ヒーッ、ヒーッと、何とも可愛らしい笑い方をする。物静かな人で、読み古しの新聞を飽きもせずに読んでいる。『ピキラン・ムルデカ(自由な思考)』という週刊のタブロイド紙で、表紙にはパプア評議会議長のセイス・エルアイの大きな写真が載っていた。

ビアク島の南から西にある島々をパダイド諸島と呼ぶ。サンゴ礁に囲まれた小さな群島だ。約20の島があり、人が住んでいる島はそのうち8つぐらいだろう。ほとんど山も丘もない。下パダイドと

慣習法長（ケワン）のエリザ・キシャさん（マルク諸島ハルク島ハルク村、94年8月）

上パダイドに分かれ、セフナットさんが住んでいるのは上パダイドのブロムシ島だ。東西３km、南北５kmほどの小さな島だが、上パダイドではいちばん大きい。ビアクの町（ビアク・ヌンフォル県の県庁所在地）からおよそ60km、ダブル・アウトリガーのロング・ボートに乗って約４時間かかる。

1996年２月、阪神・淡路大震災以上の規模の地震がビアク島沖で起きた。津波が島々を襲ったが、亡くなった人は３人だけだったそうだ。子どもたちは木に登って命拾いをしたという。水も交通も不便だが、海の美しさは絶品だ。人びとは海に依拠して暮らしてきた。

セフナットさんは、パプアの独立に強い関心をもっている。彼はブロムシ島ウォスリボの出身で、氏族（マルガ）の長だ。彼のマルガが、わたしが2000年の７月15〜16日に滞在したダウィ島を所有している。土地登記されているのかどうかは知らないが、このあたりの人びとは慣習法的にこうした権利を認めて暮らしている。

ペトゥルス村長夫妻
(パプア タブラヌス村、96年8月)

スマトラ島沖地震・津波後、モスクに避難する
(アチェ ロッ・ンガ、05年3月)

作家の故プラムディア・アナンタ・
トゥール(ジャカルタ、2000年6月)

洗濯を終えた女性（パプア・ニューギニア マダン、90年8月）

ダウィ島はブロムシ島からさらに南東10kmにある無人島である。セフナットさん一族の親類縁者はここに滞在し、魚や貝を獲り、ココヤシを収穫する権利があるので、よく来るという。セフナットさんはルムスラムというビアク島のNGOと協力して、この島にコテージをつくって、エコ・トゥーリストを招き入れようとしている。95年につくった２棟は津波で流されたが、再建したそうだ。

白砂の浜を前にした、ココヤシの木に囲まれたコテージは、わたしにとっては浮き世から身を遠ざけられる格好の場所のように思えた。けれども、セフナットさんとその一族、そして子どもたちが、パプアの現実と島の暮らしに、わたしを引き戻す。

新聞を読み終えたセフナットさんが、コテージのベランダで漫然と海鳴りを聞いていたわたしのそばに来て、パプア大会議（157ページ参照）の話を聞きたがるのだ。わたしは、裸でコテカ（ペニス・ケース）だけを身にまとい、槍を持って、奇声を発しつつ疾走するコテカ部隊に仰天した話や、ジャカルタ政府はあまりにも認識が薄いの

みんなおそろいビレム(網袋)(パプア・ニューギニア マウント・ハーゲン、07年12月)

ではないかなどと話すと、セフナットさんはこう言った。

「貧しかろうと、食べ物がなかろうと、もはや奴隷でいたくはない。わたしたちが望むのは独立だ」

この言葉は、パプアの民族歌「ヘイ!タナク・パプア」(へい!パプアの地)の一節にあるそうだ。

やがて、話はアンボンの惨劇におよんだ。アンボンでは99年以来、キリスト教徒とムスリムが血なまぐさい抗争を続けている。「ラスカル・ジハード(聖戦部隊)がもしパプアに来たら、パプア人は陸上戦なら絶対に負けない。コテカ部隊にかなうはずがない」と語る。パプア人意識の強さにはびっくりさせられる。セフナットさんはBBCやラジオ・オーストラリア、さらにはラジオ・ジャパンも聞いている。インドネシア共和国放送(RRI)は同じコメントばかりでまったく面白くないというのである。

辺鄙なパダイド諸島の小さな島でも、時代をしっかり見ている人がいる。グス・ドゥール(アブドゥルラフマン・ワヒド元大統領)につ

元日本軍兵補(パプア　ファクファク、05年8月)

いて聞いてみると、「彼は目は見えないけど、パプアのことが見えているのではないか」と、意外に評価していた。

パダイド諸島で深刻な問題は、漁業資源の乱獲だ。以前、魚は海をふさぐほどたくさんいたし、ジュゴンもイルカもいくらでもいた。ところが、97年のアジア通貨危機以降、人びとは物価高にたまりかね、収入を上げるために無茶な漁を行なったそうだ。爆弾漁*が横行してサンゴ礁がひどく破壊され、イワシやアジ類などの浮き魚類はいなくなったと話す。昨今は台湾船がインドネシア漁船から操業許可証を買収し、マグロやカツオなどの漁をしに来ている。セフナットさんは「サンゴ礁を壊したのはジャカルタの閣僚たち、政府、軍人だ」と断言する。そして、「もはや政府は信用できない、これからはNGOがイニシアティブをとる時代だ」とも言う。

セフナットさんは48歳だが、すでに孫が5人もいる。いちばん小さな娘は、他の孫とほとんど同年齢。何だか不思議な気がする。

＊ダイナマイト漁ともいう。爆薬を水中で爆発させて魚を獲る漁。

断食明け大祭に屋外広場へ集まって祈る（西ジャワ バンドゥン、76年2月）

子どもたちとつきあって考える

セフナットさんの孫や、ほかの家族の子どもたちが十数人、ブロムシ島に来ていた。ちょうど、学校が休みだったのだ。朝から晩まで、子どもたちは実によく遊んでいた。この島には、既製のおもちゃもブランコも滑り台もない。それでも、子どもたちは飽きずに遊び続ける。親を手伝って水汲みをし、ヤシの実を割ったりもする。小学校１年生ぐらいの女の子が、パラン（山刀）を使って、ヤシの実を巧みに開けるのだ。小さなカヌーを自分で修繕して海に出て行く男の子もいる。

わたしは子どもたちといっしょに島を一周した。といっても２km もない。白い浜をワイワイ叫びながら先導してくれる。野生の果実を採ってきては、「食べろ」と言う。魚がいれば、「あれはイカン・パンジャン（サヨリ）、あの小さいのが クパラ・バトゥ（カタクチイワシ）、そのウミヘビは毒をもっている」などと教えてくれる。

●— 子どもたち

労働組合の集まりで踊る(西ジャワ ブカシ、07年2月)

浜に木が突き出ていると、登って「シューティング、フォト」（写真、撮って）と、ビデオとカメラに収めることを要求する。だんだん頻繁に要求するので、面倒になって、撮ったふりだけして「もう撮ったよ！（スダ！）」と言うと、それで満足してくれる。一周して帰ってきたところで、ビデオを巻き戻し、小さな画面で見せてあげると、大うけ。おばさんたちも集まってきて、大騒ぎになった。

もっとも、ソニーのビデオがこんなにうけることに、わたしは少ししょげてしまった。日本人なんて、それぐらいしかうけるものがないのかもしれない。こうした文化を持ち込むことは、結局は近代機械文明に人びとが向かうのを助長しているにすぎないだろう。船だって、いまや完全にヤマハのエンジンに支配されている。

裸足と裸で創造的に遊び、仕事もする子どもたちに感激するのはたやすい。だが、ともに将来を考えるようなつきあい方をしていくことこそ大事だと率直に思った。暮らしのあり方についておとなとつっこんだ議論をしたり、技術を教え合ったり、学び合うことは実

母と子（東ティモール　マウベシ、02年12月）

に多いのではないだろうか。

陽気なおばさんたち

おばさんたちは黙々と働いていた。もちろん働きづめなわけではなく、ヤシの木陰で寝ていたり、ときにはだべっていたりもするけれど。

仕事は炊事、洗濯、海産物の加工、ヤシの葉やパンダナス（和名タコノキ）の葉の加工などだ。パンダナスは、マット、帽子、屋根葺きなどの材料に使われる。

ナマコが大きな中華鍋で茹でられていた。クズのようなナマコも茹でている。トゥリパン・スパトゥ（靴ナマコ）、トゥリパン・ゴソク（磨きナマコ）、トゥリパン・スス（おっぱいナマコ）など名前がきちっと識別され、値段もわかっていた。茹でた後は薪の上で燻《いぶ》され、さらに日干しされる。ナマコといっしょに、シャコ貝、貝のヒモ、魚（エイなど）も燻されていた。いずれも商品として島外に売りに出

カンボジア・プノンペン空港の新聞売り(95年3月)

される。塩乾魚も加工する。ナマコは、ビアク島ではブギス人に売られている。華人より高値で買ってくれるからだ。

おばさんたちは、パンダナスの葉からゴザもつくる。葉にある棘をナイフで切り落とし、葉の中軸の固い繊維を取り除いて、くるくると筒状に丸めるのだ。そこまでしか見ていないが、たぶんそれを編み合わせるのだろう。

ブロムシ島では野菜類が育たない。サンゴ礁の土地だから、キャッサバすら育たない。パパイヤの葉が唯一の野菜である。必要な野菜はビアク島で買っている。パペダ（サゴヤシ澱粉粥）はサゴヤシからでなく、買ってきたキャッサバからつくっていた。ほかの島では汁の中のクズ状のものを食べるが、ここではその汁がない。カツオの煮付けといっしょに食べた。

おばさんたちはときどき大きな声で子どもを呼んだり、仲間に声をかけたり、歌を歌ったりしている。このにぎやかな声が何とも楽しく、陽気だ。夜になって、沖合を国営汽船会社の定期船ドボンソロ号が通過した。おばさんの一人が「ドボンソロ！」と大きな声で

訪問客のわたしたちを、手拍子で踊りながら見送ってくれた
(パプア パダイド諸島ダウィ島、02年8月)

叫ぶと、ほかのおばさんたちも口々に「ドボンソロ」と叫んだ。

その日は満月で、南風がやや強かった。波がキラキラと光り、浜には大木が打ち上げられている。パプア最長のマンブラモ川から流れ着いた流木だ。これで家やカヌーをつくる。

大きなコウモリが向かいのブルン島（鳥島）からふわふわと飛んできた。ヤシの葉ずれの音、潮騒、風の渡る音がすべての世界で、人びとが暮らしている。そして同時に、外の世界とも濃密にかかわって生きているのだ。

33年にわたって「ぼくが歩いた東南アジア」の日数は、どのくらいになるのだろう。2年間べったりが1回、6カ月ずつが3回、それ以外の年は年平均30日。計算すると約2110日になる。夕陽を見たのは1000日以上かもしれない。雪はこの世の薄汚れた塵芥《ちりあくた》を覆い隠してくれる。夕陽は大空の雲ぐもを極彩色に染め、この世のつらさ、切なさを薄紅色に染め、やがて暗闇に消し去ってくれる。

33年前、バンドゥンの借家のベランダで、毎日のように夕陽を眺めていた。家の前を行き交う物売りや、子どもたちや、おばさん、おじさんたちの暮らしの音や声と、夕陽とが混じり合って、わたしごときをも哲学者にさせてくれたように思った。

2000日は4万8000時間。1日のうち、寝たり、居眠りをした時間9時間ほどを差し引くと3万時間。新聞や本を読んでいるときは自覚的には風景を見ていない。それでも2万時間ほどが、「ぼくが歩いた東南アジア」が流れ来て、流れ去った「風景」である。治安部隊のゴム弾がパンパンと弾けていたジャカルタの風景もあれば、津波で家族を失って呆然とモスク前に座していた老人の風景もあれば、トリバネアゲハの舞うビアク島コレムの燦然《さんぜん》たる風景もある。

山ばかり歩いていた1960年代、フィルムはほとんど白黒で、シャッターはあまり切らなかった。フィルム現像も印画紙現像も、自分でやっていた。そのころは、ひとつひとつの風景がしっかりと自分の網膜に焼きついていた感じがある。80年代中ごろまでは、ネガ・カラーと白黒のフィルムを併用し、自分で焼き付けもした。しかし、それ以降、ほとんどポジのカラー・フィルムになり、自分で現像も焼き付けもしなくなった。それでも、フィルム代や現像料金は高かったので、丁寧に写真を撮っていたけれど、円高とバブルはそれらも安くした。90年代になると、やたらにたくさんの写真を撮るようになった気がする。

2000年ごろからデジタルカメラを使い始めたが、まだシャッターをすぐに押せないもどかしさがあったので、撮った写真は多くはない。ポジのカラー・フィルムが主流だった。04年にニコンD70が出て、飛びついた。それ以降、わたしの写真はほとんどデジタル化する。夕陽と哲学などと言っていたことが恥ずかしい。わたしは知らぬ間に便利さに流され、暮らしがデジタル化していった。

アナログ写真とデジタル写真が最終的な「見栄え」でどう違うのか、よくわからない。しかし、写真を撮る行為自体が安易になってきた。よく見て、しっかり記録するという姿勢が、失われつつあるように思う。「ぼくが歩いた東南アジア」も易きに流れてきたのではないだろうか。１ドルが300円の時代から、円は３倍も強くなって、東南アジアを大股で闊歩しているのではないだろうか。そんな思いにとらわれる。照明が暗い安宿用に明るい電球を持ち歩く。ザックを背負う。そんな旅には、見たり撮ったり記録したりする行為に丁寧さがあったと思う。

日本経済のバブル化により、さまざまなところから調査や研究にカネが出るようになった。「自腹を切って旅をせよ」「会議ばかり出るな」と故・鶴見良行氏は口を酸っぱくして戒めていた。わたしは東南アジアをこれからも歩くだろうが、自腹で歩くことを基本にしたい。ゆったりとしたなかで丁寧な歩き方を大切にしていきたい。自らのありようを照らし出してくれる、東南アジアの当たり前の人びとの暮らしを、じっと眺め続けていきたい。

いつもながら、コモンズの大江正章さんが一肌脱いでくださった。儲からぬ出版である。校正では、お連れ合いの大江孝子さんにお世話になった。インドネシア民主化支援ネットワーク（NINDJA）のみなさんにも、日誌の整理や写真のデジタル化でお世話になった。林佳恵さんには、いつもながら本の中味にふさわしい、心のこもった装丁をしていただいた。本書全般については、佐伯奈津子さんが最後には不眠不休で手伝ってくれた。人生でずさんさが勝れるわたしだけでは、この本は世に出なかっただろう。連れ合いの内海愛子もずさんを自認しているが、それ以上にずさんなわたしにあきれつつ、叱咤し続けてくれた。

本書の写真に登場するたくさんの方、登場しないもっと多くの方、わたしを支えてくださった多くの方々に、御礼を申し上げます。ありがとうございました。

2009年３月１日

村井吉敬

スラウェシ島マカッサル(旧ウジュン・パンダン)の夕陽

レンドラ(中央)とともに。左から 2 番目が筆者
(ジャカルタ近郊デポック、90年8月)

【執筆者紹介】
村井吉敬（むらい・よしのり）
1943年　千葉県生まれ。
1966年　早稲田大学政経学部卒業。
1975～77年　インドネシア国立パジャジャラン大学留学。
1978～2008年　上智大学教員。
現　在　早稲田大学アジア研究機構教員、APLA（Alternative People's Linkage in Asia）共同代表。
専　攻　東南アジア社会経済論。
主　著　『スンダ生活誌』（NHKブックス、1978年）、『小さな民からの発想』（時事通信社、1982年）、『エビと日本人』（岩波書店、1988年）、『サシとアジアと海世界』（コモンズ、1998年）、『スハルト・ファミリーの蓄財』（共著、コモンズ、1999年）、『グローバル化とわたしたち』（岩崎書店、2006年）、『徹底検証ニッポンのODA』（編著、コモンズ、2006年）、『エビと日本人Ⅱ』（岩波新書、2007年）、『現代インドネシアを知るための60章』（編著、明石書店、2013年）、『パプア――森と海と人々』（めこん、2013年）など。

ぼくが歩いた東南アジア

2009年4月15日・初版発行
2013年3月15日・2刷発行
著　者・村井吉敬

発行者・大江正章
発行所・コモンズ
東京都新宿区下落合1-5-10-1002
TEL03-5386-6972 FAX03-5386-6945
振替　00110-5-400120

info@commonsonline.co.jp
http://www.commonsonline.co.jp/

JASRAC　出0902316-901

印刷／東京創文社　製本／東京美術紙工
乱丁・落丁はお取り替えいたします。
ISBN 978-4-86187-052-1 C0030

◆コモンズの本◆

サシとアジアと海世界	環境を守る知恵とシステム	村井吉敬	1900円
徹底検証ニッポンのODA		村井吉敬編著	2300円
スハルト・ファミリーの蓄財		村井吉敬・佐伯奈津子・久保康之・間瀬朋子	2000円
歩く学問 ナマコの思想		鶴見俊輔・池澤夏樹・村井吉敬他	1400円
ODAをどう変えればいいのか		藤林泰・長瀬理英編著	2000円
日本人の暮らしのためだったODA		福家洋介・藤林泰編著	1700円
開発援助か社会運動か	現場から問い直すNGOの存在意義	定松栄一	2400円
NGOが変える南アジア	経済成長から社会発展へ	斎藤千宏編著	2400円
開発NGOとパートナーシップ	南の自立と北の役割	下澤嶽	1900円
いつかロロサエの森で	東ティモール・ゼロからの出発	南風島渉	2500円
アチェの声	戦争・日常・津波	佐伯奈津子	1800円
軍が支配する国インドネシア	市民の力で変えるために	S・ティウォン他編／福家洋介他訳	2200円
ヤシの実のアジア学		鶴見良行・宮内泰介編著	3200円
地域漁業の社会と生態	海域東南アジアの漁民像を求めて	北窓時男	3900円
カツオとかつお節の同時代史	ヒトは南へ、モノは北へ	藤林泰・宮内泰介編著	2200円
ぼくがイラクへ行った理由《わけ》		今井紀明	1300円
からゆきさんと経済進出	世界経済のなかのシンガポール─日本関係史	清水洋・平川均	3900円
KULA(クラ)	貝の首飾りを探して南海をゆく	市岡康子	2400円
日本軍に棄てられた少女たち	インドネシアの慰安婦悲話	プラムディヤ著／山田道隆訳	2800円
こころの手をつなごうえー	子どもが考える子どもの人権	赤川次郎監修／アムネスティ日本編	1800円
『マンガ嫌韓流』のここがデタラメ		太田修・綛谷智雄・姜誠・朴一他	1500円
北朝鮮の日常風景		石任生撮影／安海龍文／韓興鉄訳	2200円
目覚めたら、戦争。	過去《いま》を忘れないための現在《かこ》	鈴木耕	1600円
安ければ、それでいいのか⁉		山下惣一編著	1500円
儲かれば、それでいいのか	グローバリズムの本質と地域の力	本山美彦・山下惣一他	1500円
地球買いモノ白書		どこからどこへ研究会	1300円
ケータイの裏側		吉田里織・石川一喜他	1700円
おカネが変われば世界が変わる	市民が創るNPOバンク	田中優編著	1800円
徹底解剖100円ショップ	日常化するグローバリゼーション	アジア太平洋資料センター編	1600円

（価格は税別）